Manfred Bornhofen · Martin Bornhofen

Lösungen zum Lehrbuch
Steuerlehre 2

Studiendirektor, Dipl.-Hdl. Manfred Bornhofen
Steuerberater, Dipl.-Kfm., CPA Martin C. Bornhofen

Mitarbeiter:
OStR, Dipl.-Kfm. Markus Bütehorn
StB, Dipl.-Kfm., Dr. Sebastian Gocksch
Fw., StD, Dipl.-Hdl. Lothar Meyer

Lösungen zum Lehrbuch Steuerlehre 2 Rechtslage 2007

Mit zusätzlichen Prüfungsaufgaben
und Lösungen

28., überarbeitete Auflage

Bibliografische Information Der Deutschen Nationalbibliothek
Die Deutsche Nationalbibliothek verzeichnet diese Publikation in der
Deutschen Nationalbibliografie; detaillierte bibliografische Daten sind im Internet über
<http://dnb.d-nb.de> abrufbar.

1. Auflage 1980
.
.
.
28., überarbeitete Auflage 2008

Alle Rechte vorbehalten
© Betriebswirtschaftlicher Verlag Dr. Th. Gabler | GWV Fachverlage GmbH, Wiesbaden 2008

Lektorat: Dr. Riccardo Mosena

Der Gabler Verlag ist ein Unternehmen von Springer Science+Business Media.
www.gabler.de

Das Werk einschließlich aller seiner Teile ist urheberrechtlich geschützt. Jede Verwertung außerhalb der engen Grenzen des Urheberrechtsgesetzes ist ohne Zustimmung des Verlags unzulässig und strafbar. Das gilt insbesondere für Vervielfältigungen, Übersetzungen, Mikroverfilmungen und die Einspeicherung und Verarbeitung in elektronischen Systemen.

Die Wiedergabe von Gebrauchsnamen, Handelsnamen, Warenbezeichnungen usw. in diesem Werk berechtigt auch ohne besondere Kennzeichnung nicht zu der Annahme, dass solche Namen im Sinne der Warenzeichen- und Markenschutz-Gesetzgebung als frei zu betrachten wären und daher von jedermann benutzt werden dürften.

Umschlaggestaltung: KünkelLopka Medienentwicklung, Heidelberg
Druck und buchbinderische Verarbeitung: LegoPrint, Lavis
Gedruckt auf säurefreiem und chlorfrei gebleichtem Papier
Printed in Italy

ISBN 978-3-8349-0719-6

Vorwort zur 28. Auflage

Neben den Lösungen zum Lehrbuch der Steuerlehre 2 enthält dieses Buch zusätzliche Fälle und Lösungen zur Vertiefung Ihres Wissens.

Deshalb ist dieses "Aufgaben- und Lösungsbuch" in zwei Teile untergliedert.

Der **1. Teil** enthält – wie bisher – die

Lösungen zum Lehrbuch

und der **2. Teil** die

zusätzlichen Fälle und Lösungen.

Die einzelnen Sachthemen dieser zusätzlichen Aufgabensammlung finden Sie im Inhaltsverzeichnis oder in der Kopfzeile des Buches.
Die jeweiligen Lösungen folgen den Fällen direkt. Sie erkennen sie an der grauen Rasterung.

Wir hoffen, dass Sie mit Hilfe dieses zusätzlichen Übungsmaterials vielleicht noch verbleibende Unsicherheiten in der Anwendung Ihres Wissens beheben können und wünschen Ihnen viel Erfolg in Ihren Klausuren bzw. Prüfungen.

Ihr

Bornhofen-Team

Inhaltsverzeichnis

Teil 1 Lösungen zum Lehrbuch

A. Einkommensteuer

1 Einführung in die Einkommensteuer	1
2 Persönliche Steuerpflicht	1
3 Grundbegriffe im Zusammenhang mit der Ermittlung der Einkünfte	3
4 Methoden zur Ermittlung der Einkünfte	5
■ Zusammenfassende Erfolgskontrolle zum 1. bis 4. Kapitel	5
5 Veranlagungsarten	6
6 Gewinneinkünfte	7
6.1 Einkünfte aus Land- und Forstwirtschaft (§ 13 EStG)	7
6.2 Einkünfte aus Gewerbebetrieb (§ 15 EStG)	7
6.3 Einkünfte aus selbständiger Arbeit (§ 18 EStG)	9
■ Zusammenfassende Erfolgskontrolle zum 1. bis 6. Kapitel	10
7 Gewinnermittlung durch Betriebsvermögensvergleich	11
■ Zusammenfassende Erfolgskontrolle zum 1. bis 7. Kapitel	12
8 Umfang des Betriebsvermögens	13
9 Bewertung des Betriebsvermögens	14
■ Zusammenfassende Erfolgskontrolle zum 1. bis 9. Kapitel	21
10 Gewinnermittlung ohne Betriebsvermögensvergleich	22
■ Zusammenfassende Erfolgskontrolle zum 1. bis 10. Kapitel	24
11 Überschusseinkünfte	25
11.1 Einkünfte aus nichtselbständiger Arbeit (§ 19 EStG)	25
11.2 Einkünfte aus Kapitalvermögen (§ 20 EStG)	29
11.3 Einkünfte aus Vermietung und Verpachtung (§ 21 EStG)	33
11.4 Sonstige Einkünfte im Sinne des § 22 EStG	39
■ Zusammenfassende Erfolgskontrolle zum 1. bis 11. Kapitel	42
12 Summe der Einkünfte	43
■ Zusammenfassende Erfolgskontrolle zum 1. bis 12. Kapitel	44

13 Gesamtbetrag der Einkünfte 45

    13.1 Altersentlastungsbetrag (§ 24a EStG) 45
    13.2 Entlastungsbetrag für Alleinerziehende (§ 24b EStG) 45
    13.3 Freibetrag für Land- und Forstwirte (§ 13 Abs. 3 EStG) 45

■ **Zusammenfassende Erfolgskontrolle zum 1. bis 13. Kapitel** 46

14 Einkommen 47

    14.1 Verlustabzug nach § 10d EStG 47
    14.2 Sonderausgaben 48
    14.3 Außergewöhnliche Belastungen 60

15 Zu versteuerndes Einkommen 75

    15.1 Freibeträge für Kinder 75
    15.2 Härteausgleich nach § 46 Abs. 3 EStG, § 70 EStDV 79

■ **Zusammenfassende Erfolgskontrolle zum 1. bis 15. Kapitel** 81

16 Ermittlung der Einkommensteuer 84

18 Lohnsteuer 86

■ **Prüfungsfälle Einkommensteuer** 87

B. Körperschaftsteuer

1 Einführung in die Körperschaftsteuer 98

2 Körperschaftsteuerpflicht 99

3 Steuerbefreiungen 100

4 Ermittlung des körperschaftsteuerlichen Einkommens 100

5 Körperschaftsteuertarif 101

6 Aufteilung des steuerlichen Eigenkapitals 102

■ **Prüfungsfälle Körperschaftsteuer** 103

C. Gewerbesteuer

1 Einführung in die Gewerbesteuer 106

2 Steuerpflicht und Steuerbefreiungen 106

3 Steuermessbetrag 107

- 4 Festsetzung und Erhebung der Gewerbesteuer 111
- 5 Zerlegung 112
- 6 Gewerbesteuerrückstellung 113
- ■ Prüfungsfälle Gewerbesteuer 115

D. Bewertungsgesetz
- 2 Wirtschaftliche Einheit 117
- 4 Begriff und Bedeutung des Einheitswerts 118
- 5 Feststellungsarten 119
- 6 Bedarfsbewertung des Grundvermögens für Zwecke der Erbschaft- und Schenkungsteuer 120

E. Erbschaftsteuer
- 3 Bereicherung des Erwerbers 121
- 4 Steuerberechnung 121

Teil 2 Zusätzliche Fälle und Lösungen

A. Einkommensteuer
- 1 Einnahmenüberschussrechnung nach § 4 Abs. 3 EStG 123
- 2 Einkünfte aus Land- und Forstwirtschaft (§ 13 EStG) 127
- 3 Einkünfte aus Gewerbebetrieb (§ 15 EStG) 130
- 4 Einkünfte aus selbständiger Arbeit (§ 18 EStG) 135
- 5 Einkünfte aus nichtselbständiger Arbeit (§ 19 EStG) ... 138
- 6 Einkünfte aus Kapitalvermögen (§ 20 EStG) 139
- 7 Einkünfte aus Vermietung und Verpachtung (§ 21 EStG) .. 144
- 8 sonstige Einkünfte im Sinne des § 22 EStG 146
- 9 Sonderausgaben 148
- 10 Außergewöhnliche Belastungen 150
- ■ Prüfungsfälle Einkommensteuer 151

B. Körperschaftsteuer

- Prüfungsfälle Körperschaftsteuer 162

C. Gewerbesteuer

- Prüfungsfälle Gewerbesteuer 167

Teil 1 Lösungen zum Lehrbuch

A. Einkommensteuer

1 Einführung in die Einkommensteuer

Fall 1:

1. (b)
2. (a)
3. (c)
4. (d)

Fall 2:

Zu 1.

	EUR
Einkünfte aus Gewerbebetrieb	20.000,00
Einkünfte aus nichtselbständiger Arbeit	30.000,00
= **Summe der Einkünfte und Gesamtbetrag der Einkünfte**	**50.000,00**
− Sonderausgaben	− 3.700,00
− außergewöhnliche Belastungen	− 1.700,00
= **Einkommen und zu versteuerndes Einkommen**	**44.600,00**

Zu 2.

Die **Einkommensteuer 2007** beträgt lt. Grundtabelle **10.948 EUR**.

2 Persönliche Steuerpflicht

Fall 1:

1. (c)
2. (b)
3. (b)
4. (d)

Fall 2:

a) Sabine Krämer ist im Inland **unbeschränkt** einkommensteuerpflichtig, weil sie eine **natürliche Person** ist, die im **Inland** einen **Wohnsitz** hat (§ 1 **Abs. 1**).

b) Anja Fischer ist im Inland **unbeschränkt** einkommensteuerpflichtig, weil sie eine natürliche Person ist, die im **Inland** einen **Wohnsitz** hat (§ 1 **Abs. 1**).

c) Georg Smith ist für die Zeit vom 08.01. bis 19.11.2007 im Inland **unbeschränkt** einkommensteuerpflichtig, weil er eine **natürliche Person** ist, die im **Inland** ihren **gewöhnlichen Aufenthalt** hatte (§ 1 Abs. 1).

d) Peter Keller ist im Inland **beschränkt** steuerpflichtig, weil er eine **natürliche Person ist**, die im **Inland weder** einen **Wohnsitz noch** ihren **gewöhnlichen Aufenthalt** hatte, aber **inländische Einkünfte** i.S.d. **§ 49** hat.

e) Erich Schwab ist im Inland **unbeschränkt** einkommensteuerpflichtig, weil er eine **natürliche Person** ist, die im **Inland** einen **Wohnsitz** hat (§ 1 **Abs. 1**).

f) Frank Haas ist nach § 1 **Abs. 2** im Inland **unbeschränkt** einkommensteuerpflichtig, weil er alle Voraussetzungen des § 1 Abs. 2 erfüllt.

g) Die Heinrich Bauer KG ist weder unbeschränkt noch beschränkt einkommensteuerpflichtig, weil nur natürliche Personen (nicht Personengesellschaften) der Einkommensteuer unterliegen.
Die Gesellschafter der KG unterliegen mit der von der KG erzielten Einkünfte der Einkommensteuer.

h) Knut Hansen hat weder einen Wohnsitz noch seinen gewöhnlichen Aufenthalt im Inland, so dass er **nicht** nach § 1 **Abs. 1** unbeschränkt einkommensteuerpflichtig ist.
Da auch die Voraussetzungen des § 1 **Abs. 2** nicht erfüllt sind, ist er – ohne Antrag – beschränkt einkommensteuerpflichtig (§ 1 Abs. 4).
Auf **Antrag** ist er für 2007 als **unbeschränkt** steuerpflichtiger zu behandeln (§ 1 **Abs. 3**).

i) Susi Klein hat weder einen Wohnsitz noch ihren gewöhnlichen Aufenthalt im Inland, so dass sie **nicht** nach § 1 **Abs. 1** unbeschränkt einkommensteuerpflichtig ist.
Da auch die Voraussetzungen des § 1 **Abs. 2** nicht erfüllt sind, ist sie – ohne Antrag – beschränkt einkommensteuerpflichtig (§ 1 Abs. 4).
Auf **Antrag** ist sie für 2007 als **unbeschränkt** Steuerpflichtige zu behandeln (§ 1 Abs. 3).
Als EU-Staatsbürgerin kann sie u.U. Vergünstigungen (z.B. Entlastungsbetrag für Alleinerziehende nach § 24b EStG) in Anspruch nehmen (**§ 1a** EStG).

3 Grundbegriffe im Zusammenhang mit der Ermittlung der Einkünfte

Fall 1:

Tz.	nicht steuerbare Einnahmen €	steuerbare Einnahmen		steuerfreie Einnahmen €	steuerpflichtige Einnahmen €
		Betriebseinnahmen €	Einnahmen i.S.d. § 8 €		
1.	100.000,00	—	—	—	—
2.		800,00		—	800,00
3.			250,00	—	250,00*)
4.			500,00	—	500,00*)
5.	50.000,00	—	—	—	—
6.			1.000,00	1.000,—	—
7.			3.000,00	—	3.000,00
8.			2.000,00	—	2.000,00
9.		10.000,00		—	10.000,00
10.			600,00	—	600,00
11.		250.000,00		—	250.000,00
12.			2.000,00	1.000,00	1.000,00

*) Seit 1.1.2006 nicht mehr steuerfrei (§ 3 Nr. 15 EStG ist aufgehoben worden).

Fall 2:

Nr.	Aufwendungen	BA	WK	AfdL
1.	Gewerkschaftsbeiträge		x	
2.	private Telefongebühren			x
3.	Aufwendungen für eine Erholungsreise			x
4.	Grundsteuer für ein Betriebsgrundstück	x		
5.	Aufwendungen eines AN für typische Berufskleidung		x	
6.	Aufwendungen für einen Maßanzug, der von einem Angestellten nachweislich während der Arbeitszeit getragen wird			x
7.	AfA für einen betrieblichen Lkw	x		
8.	Hypothekenzinsen für ein Fabrikgebäude	x		
9.	Aufwendungen eines Arbeitnehmers für Ernährung			x
10.	Telefongebühren für betrieblich veranlasste Gespräche, die über den privaten Telefonanschluss geführt werden	x		
11.	Steuerberatungskosten für das Ausfüllen einer Erbschaftsteuererklärung			x

Fall 3:

1. (b)

2. (c)

3. (c)

4. (a)

5. (c)

4 Methoden zur Ermittlung der Einkünfte

Fall 1:

Betriebsvermögen 31.12.2007	− 30.000,00 EUR
Betriebsvermögen 31.12.2006	60.000,00 EUR
Unterschiedsbetrag	− 90.000,00 EUR
+ Entnahmen 2007	100.000,00 EUR
	10.000,00 EUR
− Einlagen 2007	− 5.000,00 EUR
= **Gewinn 2007**	**5.000,00 EUR**

Fall 2:

50 % des Gewinns aus 2006/2007 =	15.000,00 EUR
50 % des Gewinns aus 2007/2008 =	10.000,00 EUR
= **Gewinn 2007**	= **25.000,00 EUR**

Fall 3:

Der Gewinn des VZ 2007 beträgt **20.000 EUR** (= Gewinn des Wirtschaftsjahres 2006/2007).

Fall 4:

Die Miete ist für **2007** anzusetzen, weil es sich um eine **regelmäßig wiederkehrende Einnahme** handelt, die **kurze Zeit** nach Beendigung des Kalenderjahrs 2007, zu dem sie wirtschaftlich gehört, zugeflossen ist (§ 11 Abs. 1 Satz 2).

Fall 5:

Die Miete ist für **2008** anzusetzen, weil sie **nicht kurze Zeit** nach Beendigung des Kalenderjahrs 2007, zu dem sie wirtschaftlich gehört, zugeflossen ist (H 11 (Allgemeines) EStH).

Zusammenfassende Erfolgskontrolle zum 1. bis 4. Kapitel

Fall 1:

Herr Türek ist **unbeschränkt einkommensteuerpflichtig**, weil er im **Inland** einen **Wohnsitz** hat (§ 1 Abs. 1).

Fall 2:

1. Herr Löhr ist **unbeschränkt einkommensteuerpflichtig**, weil er im **Inland** einen **Wohnsitz** hat (§ 1 Abs. 1).

	EUR
Einkünfte aus Land- und Forstwirtschaft (§ 13)	500,00
Einkünfte aus Gewerbebetrieb (§ 15)	40.000,00 *)
Einkünfte aus selbständiger Arbeit (§ 18)	17.500,00
Einkünfte aus Vermietung und Verpachtung (§ 21)	10.000,00
2. = **Summe der Einkünfte**	**68.000,00**

*) Horizontaler Verlustausgleich (70.000 € − 30.000 € = 40.000 €)

5 Veranlagungsarten

Fall 1:

1. Der **Ehemann** ist **2007** und **2008 unbeschränkt** einkommensteuerpflichtig, weil er als **natürliche Person** im **Inland** einen **Wohnsitz** hat (§ 1 Abs. 1).
   Die **Ehefrau** ist **2007 nicht unbeschränkt** einkommensteuerpflichtig, weil sie als natürliche Person im Inland weder eine Wohnung noch ihren gewöhnlichen Aufenthalt hat. Im Jahre **2008** ist sie **unbeschränkt** einkommensteuerpflichtig, weil alle Voraussetzungen des § 1 Abs. 1 erfüllt sind (natürliche Person, Inland, Wohnsitz).

2. Für den **VZ 2007** liegen die Voraussetzungen des § 26 Abs. 1 nicht vor (nicht beide unbeschränkt einkommensteuerpflichtig). Der **Ehemann** wird deshalb **einzeln** zur Einkommensteuer veranlagt.
   Die **Ehefrau** wird im **VZ 2007** im Inland **nicht veranlagt**, weil sie in der Bundesrepublik weder unbeschränkt noch beschränkt einkommensteuerpflichtig war.
   Für den **VZ 2008** liegen die Voraussetzungen des § 26 Abs. 1 vor. Die Ehegatten können deshalb zwischen **Zusammenveranlagung** und **getrennter Veranlagung** wählen.

3. Die **Eheleute** sind **2007** und **2008 unbeschränkt** einkommensteuerpflichtig, weil sie als natürliche Personen im Inland einen Wohnsitz haben (§ 1 Abs. 1).
   Für den **VZ 2007** können die Eheleute zwischen folgenden Veranlagungsarten **wählen**:
           a) der getrennten Veranlagung (§ 26a),
           b) der Zusammenveranlagung (§ 26b) und
           c) der besonderen Veranlagung (§ 26c).

   Für den **VZ 2008** können die Eheleute zwischen folgenden Veranlagungsarten **wählen**:
           a) der getrennten Veranlagung (§ 26a) und
           b) der Zusammenveranlagung (§ 26b).

Fall 2:

1. Die Eheleute Bungert können für 2007 **wählen** zwischen Zusammenveranlagung, getrennter Veranlagung und besonderer Veranlagung (§ 26 Abs. 1 Satz 1).

2. Die Ehegatten werden für den VZ 2007 **getrennt** veranlagt, weil einer die getrennte Veranlagung gewählt hat (§ 26 Abs. 2 Satz 1).

Fall 3:

Für den VZ 2007 liegen die Voraussetzungen des § 26 Abs. 1 **nicht** vor. Die Eheleute können deshalb **nicht** zwischen Zusammenveranlagung und getrennter Veranlagung wählen, so dass die **Einzelveranlagung** durchzuführen ist.

6 Gewinneinkünfte

6.1 Einkünfte aus Land- und Forstwirtschaft (§ 13 EStG)

Fall 1:

	EM EUR	EF EUR	Gesamt EUR
Einkünfte aus L + F (§ 13)		1.300	1.300,00
Einkünfte aus Gewerbebetrieb (§ 15)	60.000		60.000,00
= **Summe der Einkünfte** (§ 2 Abs. 2)			**61.300,00**
− Freibetrag für Land- und Forstwirte (§ 13 Abs. 3) *)			− 1.300,00
= **Gesamtbetrag der Einkünfte** (§ 2 Abs. 3)			**60.000,00**

*) Der Freibetrag für Land- und Forstwirte beträgt grundsätzlich bei Zusammenveranlagung 1.340 €. Er ist jedoch auf die Höhe der Einkünfte aus L + F begrenzt.

Fall 2:

	EM EUR	EF EUR	Gesamt EUR
Einkünfte aus L + F (§ 13)		10.000	10.000,00
Einkünfte aus Gewerbebetrieb (§ 15)	60.000		60.000,00
= **Summe der Einkünfte** (§ 2 Abs. 2)			**70.000,00**
− Freibetrag für Land- und Forstwirte (§ 13 Abs. 3) *)			− 0,00
= **Gesamtbetrag der Einkünfte** (§ 2 Abs. 3)			**70.000,00**

*) Der Freibetrag für Land- und Forstwirte beträgt grundsätzlich bei Zusammenveranlagung 1.340 €. Er wird jedoch nur gewährt, wenn die Summe der Einkünfte 61.400 € nicht übersteigt.

6.2 Einkünfte aus Gewerbebetrieb (§ 15 EStG)

Fall 3:

		Ehemann EUR	Ehefrau EUR	Gesamt EUR
Einkünfte aus Gewerbebetrieb (§ 15)				
Ehemann:				
Tz. 1 Gewinnanteil KG	10.000			
Tz. 2 Zinsen KG	1.000	11.000		
Ehefrau:				
Tz. 3 atypische stille Gesellschafterin			9.000	20.000,00
= **Einkünfte der Eheleute Fabel**				**20.000,00**

Fall 4:

	Ehemann EUR	Ehefrau EUR	Gesamt EUR
Einkünfte aus Gewerbebetrieb (§ 15)			
Tz. 2 Gewinnanteil KG 15.000			
Tz. 3 Miete für Überlassung des Geschäftshauses 10.000			
Tz. 4 Zinsen KG 12.000	37.000		37.000
Einkünfte aus Kapitalvermögen (§ 20)			
Tz. 1 typischer (echter) stiller Gesellschafter	19.200		19.200
= **Einkünfte der Eheleute May**			**56.200**

Fall 5:

Zu 1. Handelsbilanzgewinn 160.000 EUR
\+ Vergütung für Tätigkeit 60.000 EUR
\+ Vergütung für Hingabe eines Darlehens 16.000 EUR
\+ Vergütung für Überlassung eines Hauses 24.000 EUR
= **steuerlicher Gewinn** (§ 15 Abs. 1 Nr. 2) **260.000 EUR**

Zu 2.

Gesell-schafter	Vorweg-gewinn	4 % des Kapitalanteils	Restgewinn (4 : 3 : 1)	Einkünfte aus Gewerbebetrieb
A	60.000 €	6.000 €	74.000 €	140.000 €
B	16.000 €	4.000 €	55.500 €	75.500 €
C	24.000 €	2.000 €	18.500 €	44.500 €
	100.000 €	12.000 €	148.000 €	**260.000 €**

Fall 6:

	EUR	EUR	EUR	EUR
Einkünfte vom 1.1. bis 30.9.2007				65.200,00
Veräußerungsgewinn			150.000	
ungekürzter Freibetrag		45.000		
Veräußerungsgewinn von	150.000			
übersteigt den Grenzbetrag von	– 136.000			
um	14.000			
schädlich		– 14.000		
gekürzter Freibetrag		31.000		
Gewinn wird um gekürzten Freibetrag gemindert			– 31.000	
steuerpflichtiger Veräußerungsgewinn				119.000,00
Einkünfte aus Gewerbebetrieb				**184.200,00**

6.3 Einkünfte aus selbständiger Arbeit (§ 18 EStG)

Fall 7:

	Ehemann EUR	Ehefrau EUR	Gesamt EUR
Einkünfte aus selbständiger Arbeit (§ 18)			
Ehemann: Tz. 1 Rechtsanwaltspraxis 40.000 Tz. 2 Insolvenzverwaltung 5.000	45.000		
Ehefrau: Tz. 3 Aufsichtsratstätigkeit		10.000	55.000
= **Einkünfte der Eheleute Fries**			**55.000**

Fall 8:

	Ehemann EUR	Ehefrau EUR	Gesamt EUR
Einkünfte aus Gewerbebetrieb (§ 15)			
Ehemann: Tz. 2 Privatschule	10.000		
Ehefrau: Tz. 4 Gewinnanteil KG 10.000 Tz. 5 Zinsen KG 10.000		20.000	30.000
Einkünfte aus selbständiger Arbeit (§ 18)			
Tz. 1 Arztpraxis (100.000 € – 40.000 €)	60.000		60.000
Einkünfte aus nichtselbständiger Arbeit (§ 19)			
Tz. 6 angestellte Ärztin		35.000	35.000
Einkünfte aus Kapitalvermögen (§ 20)			
Tz. 3 typischer stiller Gesellschafter	4.200		4.200
= **Einkünfte der Eheleute Vogt**			**129.200**

Zusammenfassende Erfolgskontrolle zum 1. bis 6. Kapitel

Steuerpflichtige	§ 13	§ 15	§ 18
1. Selbständiger Einzelhändler Marcus Simonis		x	
2. Selbständige Rechtsanwältin Alicia Jarzombek			x
3. Selbständige Fachbuch-Autorin Alexandra Brücker-Lenz			x
4. Selbständige Tierärztin Nicole Wingen			x
5. Selbständige Handelsvertreterin Bianca Schmitz		x	
6. Selbständige Steuerberaterin Manuela Strub			x
7. Selbständige Versicherungsberaterin Anja Ortmann		x	
8. Selbständige Insolvenzverwalterin Ute Henn			x
9. Selbständige Hebamme Judith Doll			x
10. Unechte stille Gesellschafterin Andrea Gückel		x	
11. Selbständige Friseurmeisterin Andrea Zimmerschied		x	
12. Selbständige Handelsmaklerin Regina Adams		x	
13. OHG-Gesellschafterin Sandra Gohs		x	
14. Selbständige Großhändlerin Heike Schlich		x	
15. Selbständiger Winzer Karl Lotter	x		
16. Kommanditistin Heike Schröder		x	
17. Selbständige Übersetzerin Monika Koschel			x
18. Aufsichtsratsmitglied Sandra Friderichs			x
19. Selbständige Künstlerin Erika Murschel			x
20. Selbständige Fußpflegerin Manuela Hermann		x	
21. Selbständige medizinische Fußpflegerin (Podologin) Ramona Illig			x
22. Selbständiger Bezirksschornsteinfegermeister Thomas Krupski		x	

7 Gewinnermittlung durch Betriebsvermögensvergleich

Fall 1:

zu 1.

Aufgrund seines Handelsregistereintrages ist Tross **Kaufmann i.S.d. § 1 HGB** und nach § 238 Abs. 1 HGB **buchführungspflichtig** (handelsrechtlich). Die Höhe des Gewinns bzw. des Umsatzes spielt keine Rolle. Die steuerrechtliche Buchführungspflicht ergibt sich aus § 140 AO. Tross muss seinen Gewinn nach § 5 EStG (**Betriebsvermögensvergleich** unter besonderer Beachtung der handelsrechtlichen Bewertungsvorschriften) ermitteln.

zu 2:

Steuerberater Gelhardt ist als **Freiberufler** mit Einkünften i.S.d. § 18 EStG tätig. Er betreibt keinen Gewerbetrieb und besitzt nicht die Kaufmannseigenschaft. Er kann unabhängig von der Gewinn- bzw. Umsatzhöhe den Gewinn ohne Betriebsvermögensvergleich (**Einnahmenüberschussrechnung** nach § 4 Abs. 3 EStG) ermitteln.

zu 3:

Architekt Merder ist als **Freiberufler** mit Einkünften i.S.d. § 18 EStG tätig. Er betreibt keinen Gewerbetrieb und besitzt nicht die Kaufmannseigenschaft. Er führt jedoch **freiwillig Bücher**. Aus diesem Grunde muss er unabhängig von der Gewinn- bzw. Umsatzhöhe den Gewinn nach § 4 Abs. 1 EStG (**Betriebsvermögensvergleich** ohne Beachtung der handelsrechtlichen Bewertungsvorschriften) ermitteln.

zu 4:

Herr Rosenbaum besitzt keine Kaufmannseigenschaft i.S.d. HGB (aus handelsrechtlicher Sicht wäre evtl. zu prüfen, ob ein in kaufmännischer Weise eingerichteter Geschäftsbetrieb erforderlich ist). Es besteht keine Buchführungspflicht nach § 238 HGB und § 140 AO. Herr Rosenbaum ist jedoch **nach § 141 AO verpflichtet, Bücher zu führen** (Gewinngrenze überschritten). Er muss seinen Gewinn nach § 5 EStG (**Betriebsvermögensvergleich** unter besonderer Beachtung der handelsrechtlichen Bewertungsvorschriften) ermitteln.

zu 5:

Landwirt Harder betreibt keinen Gewerbetrieb und besitzt nicht die Kaufmannseigenschaft. Er führt jedoch **freiwillig Bücher**. Aus diesem Grunde muss er unabhängig von der Gewinn- bzw. Umsatzhöhe den Gewinn nach § 4 Abs. 1 EStG (**Betriebsvermögensvergleich** ohne Beachtung der **handelsrechtlichen** Bewertungsvorschriften) ermitteln.

Fall 2:

BV 31.12.2007	56.000,00 EUR
BV 31.12.2006	49.000,00 EUR
= Unterschiedsbetrag	+ 7.000,00 EUR
+ Entnahmen 2007	36.800,00 EUR
– Einlagen 2007	3.000,00 EUR
= **Gewinn** aus Gewerbebetrieb 2007	**40.800,00 EUR**

Zusammenfassende Erfolgskontrolle zum 1. bis 7. Kapitel

Fall 1:

			Ehemann EUR	Ehefrau EUR	Gesamt EUR
Einkünfte aus Gewerbebetrieb (§ 15)					
Tz. 1	BV am 31.12.2007	175.000 EUR			
	BV am 31.12.2006	135.000 EUR			
	Unterschiedsbetrag	+ 40.000 EUR			
	+ Entnahme 2007	20.000 EUR			
	− Einlage 2007	20.000 EUR			
	= Gewinn 2007	40.000 EUR	40.000		
Tz. 2	Gewinnanteil KG	250.000 EUR			
	+ Gehalt	50.000 EUR			
	+ Zinsen	16.000 EUR			
		316.000 EUR	316.000		
Tz. 3	Gewinnanteil als unechte stille Gesellschafterin			6.000	362.000
= Summe der Einkünfte					**362.000**

Fall 2:

	EUR
Einkünfte aus Land- und Forstwirtschaft (§ 13)	
Tz. 1	
50 % von 25.000 EUR für 2006/2007 12.500 EUR
50 % von 30.000 EUR für 2007/2008 15.000 EUR	27.500
Einkünfte aus Kapitalvermögen (§ 20)	
Tz. 2	
Einkünfte als echter stiller Gesellschafter	4.600
= Summe der Einkünfte	**32.100**

8 Umfang des Betriebsvermögens

zu 1:

Pkw 1 gehört zum (notwendigen) **Betriebsvermögen**, weil er ausschließlich betrieblich genutzt wird.

Pkw 2 gehört zum (notwendigen) **Betriebsvermögen**, weil er zu mehr als 50 % betrieblich genutzt wird.

Pkw 3 **kann** als (gewillkürtes) **Betriebsvermögen** behandelt werden, da die betriebliche Nutzung mindestens 10 % beträgt (aber nicht mehr als 50 %). Der Steuerpflichtige kann jedoch **nicht** die 1 %-Regelung in Anspruch nehmen, weil das Kraftfahrzeug nicht zu mehr als 50 % betrieblich genutzt wird (§ 6 Abs. 1 Nr. 4 Satz 2 EStG).

Pkw 4 gehört zum (notwendigen) **Privatvermögen**, weil er zu weniger als 10 % betrieblich genutzt wird.

zu 2:

Die Zahnärztin **kann** den Pkw als gewillkürtes **Betriebsvermögen** behandeln, **wenn** sie ihn in ihr betriebliches **Anlagenverzeichnis** (Bestandsverzeichnis) aufnimmt (BMF-Schreiben vom 17.11.2004, BStBl 2004 I Seite 1064 f.).

zu 3:

Nach R 4.2 Abs. 4 EStR 2005 kann ein Gebäude aufgrund unterschiedlicher Nutzung (eigen- oder fremdbetrieblich/eigene oder fremde Wohnzwecke) in vier unterschiedliche Wirtschaftsgüter aufgeteilt werden (**gemischt genutztes Gebäude**).

Bei jedem Wirtschaftsgut (Gebäudeteil) ist die Vermögensart gesondert zu prüfen (Betriebs- oder Privatvermögen).

Das gemischt genutzte Gebäude des Herrn Emmerich hat folgende zwei Vermögensarten:

- 350 qm Nutzung zu eigenbetrieblichen Zwecken = **notwendiges Betriebsvermögen** (350.000,00 €) *)

- 150 qm Nutzung zu eigenen Wohnzwecken = **notwendiges Privatvermögen** (150.000,00 €) *)

---

*) siehe R. 4.2 Abs. 6 und 7 EStR 2005

9 Bewertung des Betriebsvermögens

Fall 1:

	Kaufpreis	ANK *)	AK
Grundstück (20 %)	100.000,00 €	6.800,00 €	**106.800,00 €**
Gebäude (80 %)	400.000,00 €	27.200,00 €	**427.200,00 €**
Gesamt (100 %)	500.000,00 €	34.000,00 €	**534.000,00 €**

Hinweise zu den Anschaffungsnebenkosten (ANK):
- Die von anderen Unternehmern in Rechnung gestellte Vorsteuer zählt nicht zu den Anschaffungskosten/Anschaffungsnebenkosten (§ 9b Abs. 1 EStG).
- Die Kosten der Geldbeschaffung zählen nicht zu den Anschaffungskosten/ Anschaffungsnebenkosten.
  17.500,00 + 500,00 + 1.000,00 + 15.000,00 = <u>34.000,00 €</u>

Fall 2:

Nach § 255 Abs. 1 HGB handelt es sich bei den Anschaffungskosten um Aufwendungen, die geleistet werden, um einen Vermögensgegenstand zu erwerben und ihn in einen betriebsbereiten Zustand zu versetzen. Die AK betragen:

Kaufpreis		20.000,00 EUR
+ Anschaffungsnebenkosten		
Fracht	800 EUR	
Transportversicherung	200 EUR	
Montagekosten	1.500 EUR	2.500,00 EUR
		22.500,00 EUR
– Anschaffungspreisminderungen		
Skonto (2 % von 20.000 €)		– 400,00 EUR
= **Anschaffungskosten**		**22.100,00 EUR**

Die Tatsache, dass die Rechnungen von verschiedenen Unternehmern stammen und teilweise noch nicht bezahlt sind, ist irrelevant.

Fall 3:

	Handelsrechtliche	Steuerrechtliche
	Wertuntergrenze	
Materialeinzelkosten	400,00 EUR	400,00 EUR
Fertigungseinzelkosten	800,00 EUR	800,00 EUR
Materialgemeinkosten		80,00 EUR
Fertigungsgemeinkosten		960,00 EUR
	1.200,00 EUR	**2.240,00 EUR**

Die nicht bilanzierten Kostenbestandteile mindern als Aufwand den Gewinn sofort.

Fall 4:

- **Teilwert** Ware A: **750,00 €**,
  Bilanzansatz: 750,00 €/strenges Niederstwertprinzip § 253 Abs. 3 HGB (im Gegensatz zu § 6 Abs. 1 Nr. 2 S. 2 EStG)/Maßgeblichkeitsgrundsatz § 5 Abs. 1 EStG.
- **Teilwert** Ware B: **950,00 €**,
  Bilanzansatz: 900,00 €/Wertobergrenze bilden die Anschaffungskosten § 253 Abs. 1 S. 1 HGB und § 6 Abs. 1 Nr. 2 S. 1 EStG.
- **Teilwert** Ware C: **500,00 €**,
  Bilanzansatz: 500,00 €/Ein Ansatz zum Nettoverkaufspreis ist nicht zulässig, da der Verkaufspreis über den Anschaffungskosten liegt. Oster würde nicht realisierte Gewinne ausweisen (§ 252 Abs. 1 Nr. 4 HGB).

Fall 5:

a) Es gilt das strenge Niederstwertprinzip § 253 Abs. 2 S. 3 HGB, § 6 Abs. 1 Nr. 1 S. 2 i. V. m. § 5 Abs. 1 EStG. Die Maschine ist in der Handelsbilanz und der Steuerbilanz jeweils mit **15.000,00 €** anzusetzen (lin. AfA 6.000,00 €/Teilwert-AfA 9.000,00 €).

b) In der **Steuerbilanz** ist die Maschine mit **24.000,00 €** anzusetzen (§ 6 Abs. 1 Nr. 1 S. 2 EStG). Eine Teilwertabschreibung ist nicht zulässig. In der **Handelsbilanz** besteht ein Ansatzwahlrecht (gemildertes Niederstwertprinzip; § 253 Abs. 2 S. 3 HGB).

Fall 6:

1.	Wert der übernommenen Vermögensgegenstände	2.170.000 EUR
−	Wert der übernommenen Schulden	− 1.840.000 EUR
=	Betriebsvermögen	330.000 EUR
	Kaufpreis	450.000 EUR
−	Betriebsvermögen	− 330.000 EUR
=	**derivativer Firmenwert**	**120.000 EUR**

2. Der **derivative Firmenwert ist** in der Steuerbilanz zum 31.12.2007 zu aktivieren und innerhalb von **15 Jahren** abzuschreiben (Aktivierungs**gebot**).
3. Handelsrechtlich **darf** der derivative Firmenwert aktiviert werden (Aktivierungs**wahlrecht**).
   Wird er aktiviert, kann er innerhalb von fünf Jahren oder über die voraussichtliche Nutzungsdauer planmäßig verteilt (z.B. 15 Jahre) abgeschrieben werden.

Fall 7:

	Kaufpreis	Anschaffungsnebenkosten	Anschaffungskosten
Grund und Boden	100.000 €	8.670 €	108.670 €
Lagerhalle	300.000 €	26.010 €	**326.010 €**
Gesamt	400.000 €	34.680 € *)	434.680 €

*) (14.000 € GrESt + 7.650 € + 1.030 € + 12.000 € = 34.680 €)
3 % von **326.010 €** = 9.780,30 € x 3/12 = **2.445,08 €** (§ 7 Abs. 4 Nr. 1 EStG)

Lehrbuch 110

Fall 8:

Die höchstzulässige (lineare) AfA für 2007 beträgt **8.333 Euro** (2 % von 1.000.000 € = 20.000 € x 5/12 = 8.333 €).
Die degressive AfA ist nicht möglich, weil das Gebäude **nicht vor dem 1.1.2006** angeschafft worden ist (§ 7 Abs. 5 Nr. 3c). Außerdem wurde das Gebäude nicht im Jahr der Fertigstellung erworben (§ 7 Abs. 5 S. 1).

Fall 9:

Anlagegut	AfA-Satz	Linearer AfA-Betrag des 1. Jahres
A	20 %	4.000,00 €
B	25 %	1.667,00 € *)
C	8 1/3 %	389,00 € *)
D	5 %	209,00 € *)
E	10 %	480,00 €

*) aufgerundet

Fall 10:

	Bezeichnung	€	Bemerkung
	AK	400.000,00	
−	Lin. AfA 05	50.000,00	12,5 % (§ 7 Abs. 1 EStG)
=	RBW*) 05	350.000,00	
−	Lin. AfA 06	50.000,00	
−	TW-AfA 06	200.000,00	§ 6 Abs. 1 Nr. 1 S. 2 EStG, § 5 Abs. 1 EStG, § 7 Abs. 1 S. 7 EStG
=	RBW 06	100.000,00	
+	Zuschreibung 07	80.000,00	§ 7 Abs. 1 S. 7 EStG
=	Zwischensumme	180.000,00	
−	Lin. AfA 07	30.000,00	Neue AfA-Berechnung (180.000 : 6)
=	RBW 07	150.000,00	

*) RBW = Restbuchwert

Fall 11:

Anlagegut	AfA-Satz	Bemerkung (§ 7 Abs. 2 Satz 2 EStG – alte + neue Fassung)
A	20 %	Max. 2-fache des linearen AfA-Satzes /Max. 20 %
B	30 %	Max. 3-fache des linearen AfA-Satzes /Max. 30 %
C	30 %	Max. 3-fache des linearen AfA-Satzes /Max. 30 %
D	25 %	Max. 3-fache des linearen AfA-Satzes /Max. 30 %
E	25 %	Max. 3-fache des linearen AfA-Satzes /Max. 30 %
F	20 %	Max. 3-fache des linearen AfA-Satzes /Max. 30 %
G	20 %	Max. 3-fache des linearen AfA-Satzes /Max. 30 %

Fall 12:

Der höchstmögliche AfA-Betrag 2007 beträgt   **5.000,00 EUR**.
(30 % von 20.000 € = 6.000 € x 10/12 = 5.000 €)

Fall 13:

	Bezeichnung	Buchwertentwicklung bei Wahl der günstigsten AfA	Degressive AfA (€)	Lineare AfA (€) nach Wechsel
	AK	80.000,00		
–	AfA 2000*)	24.000,00	24.000,00	8.000,00
=	RBW 2000	56.000,00		: 9 Jahre
–	AfA 2001	16.800,00	16.800,00	6.222,22
=	RBW 2001	39.200,00		: 8 Jahre
–	AfA 2002	11.760,00	11.760,00	4.900,00
=	RBW 2002	27.440,00		: 7 Jahre
–	AfA 2003	8.232,00	8.232,00	3.920,00
=	RBW 2003	19.208,00		: 6 Jahre
–	AfA 2004	5.762,40	5.762,40	3.201,33
=	RBW 2004	13.445,60		: 5 Jahre
–	AfA 2005	4.033,68	4.033,68	2.689,12
=	RBW 2005	9.411,92		: 4 Jahre
–	AfA 2006	2.823,58	2.823,58	2.352,98 L ☹
=	RBW 2006	6.588,34		: 3 Jahre
–	AfA 2007 !!!	2.196,11	1.976,50	2.196,11 J ☺
=	RBW 2007	4.392,23	4.611,84	
–	AfA 2008	2.196,11	1.383,55	2.196,11
=	RBW 2008	2.196,12	3.228,29	
–	AfA 2009	2.196,12	3.228,29**)	2.196,12
=	RBW 2009	0,00 (evtl. 1,00)	0,00 (evtl.1,00)	

*)   Vereinfachungsregel: volle Jahresabschreibung
**) Wechsel zur degressiven AfA verboten.

Fall 14:

	Bezeichnung	€	Bemerkung
	AK	48.000,00	
−	Lin. AfA 07	800,00	3/12 bzw. 1/4 (= 0,25) der Jahres-AfA (§ 7 Abs. 1 S. 4 EStG)
−	Sonder-AfA 07	9.600,00	volle Sonder-AfA (§ 7 g Abs. 1 EStG)
=	RBW 07	37.600,00	
−	Lin. AfA 08	3.200,00	volle Jahres-AfA
=	RBW 08	34.400,00	
−	Lin. AfA 09	3.200,00	
=	RBW 09	31.200,00	
−	Lin. AfA 10	3.200,00	
=	RBW 10	28.000,00	
−	Lin. AfA 11	3.200,00	
=	RBW 11	24.800,00	Es wurden bisher 4,25 Jahre (4 Jahre + 3 Monate) linear abgeschrieben!
−	Lin. AfA 12	2.306,98	neue lin. AfA: 24.800 : 10,75 (10 Jahre + 9 Monate) Restbuchwert : Restnutzungsdauer
=	RBW 12	22.493,02	
−	Lin. AfA 13	2.306,98	
=	RBW 13	20.186,04	
−	Lin. AfA 14	2.306,98	
=	RBW 14	17.879,06	
−	Lin. AfA 15	2.306,98	
=	RBW 15	15.572,08	
−	Lin. AfA 16	2.306,98	
=	RBW 16	13.265,10	
−	Lin. AfA 17	2.306,98	
=	RBW 17	10.958,12	
−	Lin. AfA 18	2.306,98	
=	RBW 18	8.651,14	
−	Lin. AfA 19	2.306,98	
=	RBW 19	6.344,16	
−	Lin. AfA 20	2.306,98	
=	RBW 20	4.037,18	
−	Lin. AfA 21	2.306,98	
=	RBW 21	1.730,20	
−	Lin. AfA 22	1.730,20	9/12 bzw. 3/4 der Jahres-AfA (9 Monate)
=	RBW 22	0,00	

Fall 15:

	Bezeichnung	€	Bemerkung
	AK	75.000,00	
−	Degr. AfA 07	18.750,00	max. 3 x lin. AfA (100/12 x 3) und max. 30 % → 25 % (§ 7 Abs. 2 S. 2 EStG)
−	Sonder-AfA 07	15.000,00	volle Sonder-AfA (§ 7 g Abs. 1 EStG)
=	RBW 07	41.250,00	
−	Degr. AfA 08	10.312,50	
=	RBW 08	30.937,50	
−	Degr. AfA 09	7.734,38	
=	RBW 09	23.203,13	
−	Degr. AfA 10	5.800,78	
=	RBW 10	17.402,35	
−	Degr. AfA 11	4.350,59	
=	RBW 11	13.051,76	Prüfung des degr. AfA-Satzes!
−	Degr. AfA 12	3.915,53	max. 3 x lin. AfA (100/7 x 3) und max. 30 % → 30 % (§ 7 Abs. 2 S. 2 EStG)
=	RBW 12	9.136,23	
−	Degr. AfA 13	2.740,87	
=	RBW 13	6.395,36	
−	Degr. AfA 14	1.918,61	
=	RBW 14	4.476,75	
−	Degr. AfA 15	1.343,03	
=	RBW 15	3.133,73	
−	Lin. AfA 16	1.044,58	Wechsel zur linearen AfA (33,33 %) im 16. Jahr!
=	RBW 16	2.089,15	
−	Lin. AfA 17	1.044,58	
=	RBW 17	1.044,57	
−	Lin. AfA 18	1.044,57	
=	RBW 18	0,00	

Fall 16:

	Urspr. Bruttopreis (119 %)	582,85 €
–	USt (19 %)	93,06 €
=	Urspr. Nettopreis (Listeneinkaufspreis; 100 %)	489,79 €
–	Rabatt (15 %)	73,47 €
=	Verbleiben (Zieleinkaufspreis; 85 % ? 100 %)	416,32 €
–	Skonto (2 %)	8,33 €
=	Anschaffungskosten (Bareinkaufspreis; 98 %)	**407,99 €**

Die Anschaffungskosten betragen 407,99 € (≤ 410,00 €), d. h. Herr Puhl kann die Bewertungsfreiheit des § 6 Abs. 2 EStG („**Sofortabschreibung des GWG**") in Anspruch nehmen. Der Bilanzansatz zum 31. Dezember 2007 beträgt 0,00 €. Den besonderen Aufzeichnungspflichten wird i. d. R. durch eine ordnungsgemäße Buchhaltung Rechnung getragen (vgl. R 5.4 Abs. 3 und R 6. 13 Abs. 2 EStR 2005 / zur buchmäßigen Darstellung vgl. Buchführung 2, Seite 120 ff.).

Fall 17:

	Vorläufiger Gewinn	60.000,00 €
–	a) Teilwert-AfA § 6 Abs. 1 Nr. 2 EStG	– 1.622,00 €
–	b) AfA § 7 Abs. 2 EStG (30 % für 4 Monate)	– 250,00 €
+	c) Zuschreibung § 6 Abs. 1 Nr. 2 S. 3 i. V. m. Nr. 1 S. 4 EStG	10.000,00 €
=	Endgültiger Gewinn	**68.128,00 €**

Fall 18:

- Das Darlehen ist am 31. Dezember 2007 mit seinem Rückzahlungsbetrag in Höhe von 50.000,00 € zu passivieren (§ 253 Abs. 1 S. 2 HGB, § 6 Abs. 1 Nr. 3 EStG).

- Das Damnum (bzw. Disagio) ist zunächst mit 2.500,00 € (5 % v. 50.000,00 €) zu aktivieren und anschließend über die Laufzeit des Darlehens zu verteilen/ abzuschreiben [aktiver Rechnungsabgrenzungsposten, § 250 Abs. 1 S. 1 + 3 HGB, § 5 Abs. 5 S. 1 Nr. 1 EStG, H 6.10 (Damnum) EStH].

- Der Abschreibungsbetrag beträgt bei gleichmäßiger Verteilung über 10 Jahre 250,00 € pro Jahr.
  [Damnum (bzw. Disagio) = Zinsvorauszahlung für 10 Jahre! Das Prinzip der periodengerechten Gewinnermittlung (§ 252 Abs. 1 Nr. 5 HGB) verlangt eine verursachungsgerechte Verteilung dieses Zinsaufwandes auf die gesamte Darlehenslaufzeit. Als mögliche Verteilungsmethoden kommen grundsätzlich in Betracht: lineare (gleichmäßige), arithmetisch-degressive und geometrisch-degressive Verteilung. (vgl. auch Buchführung 2, Seite 200 ff.)]

Fall 19:

1. Der Mantel ist mit Wiederbeschaffungspreis (= Teilwert) von 230 € zu bewerten (§ 6 Abs. 1 Nr. 4 Satz 1 EStG).
2. Der Pkw ist mit dem Verkaufspreis (= Teilwert) von 2.500 € zu bewerten (§ 6 Abs. 1 Nr. 4 Satz 1 EStG).

Fall 20:

1. Der **eingelegte Teppich** ist mit seinem Teilwert von **4.500 EUR** zu bewerten. Der Zeitraum zwischen Einlage und privater Anschaffung ist länger als drei Jahre (§ 6 Abs. 1 Nr. 5 EStG.
Der **entnommene Teppich** ist ebenfalls mit seinem Teilwert von **4.800 EUR** zu bewerten (§ 6 Abs. 1 Nr. 4 Satz 1 EStG).
2. Die **Einlage** ist **erfolgsneutral**.
Bei der **Entnahme** entsteht ein **Entnahmegewinn** (Aufdeckung stiller Reserven), der wie folgt berechnet wird:

Teilwert im Entnahmezeitpunkt			4.800,00 EUR
– Buchwert im Zeitpunkt der Entnahme			
AK		5.000 €	
– AfA 2004 (20 % von 5.000 € für 6 Monate)		500 €	
– AfA 2005 (20 % von 4.500 €)		900 €	
– AfA 2006 (20 % von 3.600 €)		720 €	
– AfA 2007 (20 % von 2.880 € = 576 € x 8/12)		384 €	2.496,00 EUR
Entnahmegewinn (Aufdeckung stiller Reserven)			**2.304,00 EUR**

Zusammenfassende Erfolgskontrolle 1. bis 9. Kapitel

Tz.	Bezeichnung	+/–	€
	Vorläufiger Gewinn		100.000,00
1	ANK kein Aufwand! § 255 Abs. 1 HGB	+	6.500,00
2	Gebäude-AfA (2 % v. 300.000 für 4 Monate) § 7 Abs. 4 Nr. 2a EStG	–	2.000,00
3	Zeitanteilige AfA (20 % v. 28.266 für 4 Monate) R 7.4 Abs. 8 EStR 2005	–	1.884,40
3	Veräußerungsgewinn (aufgedeckte stille Reserven) = Erlös – Restbuchwert (30.000,00 – 26.381,60)	+	3.618,40
4	AfA (30 % v. 30.000 für 3 Monate) § 7 Abs. 2 EStG	–	2.250,00
5	ANK kein Aufwand! § 255 Abs. 1 HGB	+	30,00
5	AfA (30 % v. 430 für 1 Monat) § 7 Abs. 2 EStG Kein GWG! § 6 Abs. 2 EStG (AK > 410,00 €)	–	10,75
6	Ansatz des niedrigeren Teilwert! § 6 Abs. 1 Nr. 2 EStG/§ 253 Abs. 3 HGB	–	5.000,00
7	Damnum in Höhe von 20.000,00 € ist auf 10 Jahre zu verteilen (H 6.10 (Damnum) EStH).	+	18.000,00
	Endgültiger Gewinn	=	**117.003,25**

10 Gewinnermittlung ohne Betriebsvermögensvergleich

Fall 1:

Tz.	Betriebseinnahmen	Betriebsausgaben
1.	**1.160 EUR** Übergabe des Schecks (31.12.07) gilt als Zufluss (siehe Lehrbuch S. 33).	
2.		**400 EUR** (GWG) (500 € – 100 €) **76 EUR** (USt) (95 € – 19 €)
3.		**1.200 EUR** Vorschüsse sind im Zeitpunkt der Zahlung abziehbar (kein aktiver RAP).
4.	**1.000 EUR** Gebildete Rücklage aus 2006 = Betriebseinnahme im Zeitpunkt der Anschaffung in 2007 (§ 7g Abs. 6 EStG).	**1.200 EUR** Sonderabschreibung nach § 7g Abs. 1 EStG im Zeitpunkt der Anschaffung abziehbar (20 % von 6.000 €). **1.140 EUR** Vorsteuer ist bei Zahlung BA (§ 11). **196 EUR** AfA: 100 : 23 = 4,35 % x 3 = 13,05 % 13,05 % v. 6.000 € = 783 x 3/12 = 196
5.		**1.250 EUR** Miete ist regelmäßig wiederkehrende Ausgabe. Zahlung erfolgt innerhalb kurzer Zeit (10 Tage).
6.	**500 EUR** Privatentnahme erfolgt mit dem TW. **95 EUR** 19 % von 500 € = 95 €	**1 EUR** Restbuchwert = BA.

Fall 2:

Nr.	Vorgänge	Betriebs-einnahmen + EUR	./. EUR	Betriebs-ausgaben + EUR	./. EUR
	Ausgangswerte	145.529,40		99.960	
1.	Das Kopiergerät wurde richtig als BA behandelt (§ 6 Abs. 2).				
2.	Nutzungsentnahme und USt auf die unentg. Leistungen sind als BE anzusetzen: 1 % von 50.000 € x 12 = 6.000 € 19 % USt v. 4.800 € (6.000 – 1.200)	6.000,00 912,00			
3.	0,03 % v.50.000 = 15 € x 40= 600 € –15 x 20 x 0,30 = – 90 € = positiver Untersch. f.1 M. 510 € nicht abz. BA für 1 Jahr x 12=6.120	6.120,00			
4.	VoSt ist bei Zahlung BA. Die AfA nach § 7 beträgt 30 % von 3.000 € = 900 € x 8/12 = 600 €			570 600	
5.	Anzahlung ist im Zeitpunkt der Zahlung BA.			2.000	
6.	Geschenke, die der Stpfl. mit Rücksicht auf die geschäftlichen Beziehungen erhält, sind BE Jahres-AfA nach § 7: 30 % von 10.000 € = 3.000 € Pütz kann die volle Jahres-AfA als BA absetzen (3.000 € x 12/12)	10.000,00		3.000	
7.	Die Miete gehört als regelmäßig wiederkehrende BA ins neue Jahr.				1.500
8.	Gewerbesteuerabschlusszahlung ist keine regelmäßig wiederkehrende BA. 2.331 € können erst im VZ 2008 als BA abgesetzt werden.				2.331
		168.561,40	—	106.130 3.831	3.831
	./.				
	Betriebseinnahmen	168.561,40		102.299	
	– Betriebsausgaben	102.299,00			
	= berichtigter Gewinn	**66.262,40**			

Lehrbuch 128

Zusammenfassende Erfolgskontrolle zum 1. bis 10. Kapitel

Fall 1:

		Ehemann EUR	Ehefrau EUR	Gesamt EUR
Einkünfte aus selbständiger Arbeit (§ 18)				
BE Arztpraxis (Tz. 1)	259.920			
- BA Arztpraxis (Tz. 2)	125.160			
vorläufiger Gewinn	134.760			
+ Med. Gerät (Tz. 2.1)	2.400			
- AfA nach § 7 (30 %) *)	480			
Computer (Tz. 2.2) kann im Jahr der Anschaffung abgesetzt werden	0			
+ Darlehnsrückzahlung (Tz. 2.3) keine BA	4.000			
Gewinn Arztpraxis	140.680			
Gewinn schriftst. Tätigkeit	40.000	180.680		180.680
Einkünfte aus V und V (§ 21)				
ZFH der Ehefrau			18.500	18.500
= Einkünfte der Eheleute Fabel				**199.180**

*) Eine Sonderabschreibung nach § 7g ist **nicht** möglich, weil **kein neues** Gerät angeschafft wurde (§ 7g Abs. 1 Satz 1) (30 % von 2.400 € = 720 € x 8/12 = 480 €).

Fall 2:

Tz.	Vorgänge	Betriebseinnahmen EUR	Betriebsausgaben EUR
1.	Vorsteuer = Betriebsausgabe 19 % von 7.800 € (8.000 € ./. 200 € Skonto)		1.482,00
	AfA = Betriebsausgabe 30 % (degressiv) von 7.800 € = 2.340 € x 5/12		975,00
	AfA nach § 7g = Betriebsausgabe 20 % von 7.800 €		1.560,00
	Auflösung der Ansparabschreibung = Betriebseinnahme 40 % von 7.000 €	2.800,00	
2.	Gezahlte Umsatzsteuer = Betriebsausgabe		2.260,00
3 a	AfA + Restbuchwert = Betriebsausgabe 600 € + 1.200 €		1.800,00
3 b	Das Büromaterial wurde bereits zum Zeitpunkt der Bezahlung als Betriebsausgabe erfasst. Keine Auswirkung.		0,00

11 Überschusseinkünfte

11.1 Einkünfte aus nichtselbständiger Arbeit (§ 19 EStG)

Fall 1:	Arbeit-nehmer
1. Die Auszubildende A ist bei einem Steuerberater tätig und bezieht für ihre Tätigkeit eine Ausbildungsvergütung.	ja
2. Studienrat B ist als Beamter beim Land Rheinland-Pfalz tätig und bezieht für seine Tätigkeit ein Gehalt.	ja
3. C erhält als Ruhestandsbeamter vom Land Nordrhein-Westfalen eine Pension.	ja
4. D erhält als Rentner eine Altersrente aus der gesetzlichen Rentenversicherung.	nein
5. E erhält seit Vollendung seines 65. Lebensjahres aus der betrieblichen Pensionskasse e.V. der X-AG aufgrund seiner früheren Beitragsleistungen eine Rente.	nein
6. F bezieht als ehemaliger leitender Angestellter von seinem früheren Arbeitgeber eine Pension. Die Pension beruht **nicht** auf früheren Beitragsleistungen des F.	ja
7. Witwe G bezieht nach dem Tode ihres Ehemannes, der beim Finanzamt als Beamter tätig war, eine Witwenpension.	ja
8. Witwe H bezieht nach dem Tode ihres Ehemannes, der beim Finanzamt als Angestellter tätig war, eine Witwenrente.	nein
9. Frau Dr. I bezieht als angestellte Ärztin bei der Universitätsklinik ein Gehalt.	ja

Fall 2:	Arbeitslohn	
	ja	nein
1. Goldmünzen (Sachbezüge)	x	
2. kostenlose Zurverfügungstellung des Tischtennisraumes		x
3. Blumenstrauß (Aufmerksamkeit bis 40 Euro steuerfrei)		x
4. Barlohn und freie Kost (Sachbezüge)	x	
5. Pension	x	
6. Ausbildungsvergütung	x	
7. Vertreterprovision (Betriebseinnahmen)		x
8. Barlohn und freie Wohnung (Sachbezüge)	x	
9. Seminar (betriebliche Fortbildungsleistung)		x

Fall 3:

Zu 1.

Der monatliche **Sachbezugswert** beträgt **2007**:

für Unterkunft	198,00 EUR
für Verpflegung (**Monatswert**)	205,00 EUR *)
geldwerter Vorteil insgesamt	403,00 EUR

*) (1,50 € + 2,67 € + 2,67 € = 6,84 € x 30 Tage = 205,20 €)
(Der Monatswert ist günstiger als der Tageswert x 30)

Zu 2.

Bruttogehalt		1.126,00 EUR
+ Sachbezug (**Unterkunft**)		**198,00 EUR**
+ Sachbezug (**Verpflegung**), netto	172,27 €	
+ 19 % USt	32,73 €	**205,00 EUR**
= steuer- und sozialversicherungspflichtiger **Arbeitslohn**		**1.529,00 EUR**

Fall 4:

geldwerte Vorteile für Privatfahrten (1 % von 30.600 € *))	306,00 EUR
Zuschlag für Fahrten zwischen Wohnung und Arbeitsstätte (0,03 % von 30.600 € x 30 km)	275,40 EUR
= **geldwerter Vorteil insgesamt**	**581,40 EUR**

*) 30.677,51 € sind auf volle 100 € abzurunden = 30.600 €

Fall 5:

Wohnzimmerschrank-Endpreis	7.500,00 EUR
− 4 % von 7.500 €	− 300,00 EUR
geminderter Endpreis	7.200,00 EUR
− bezahlter Preis des Arbeitnehmers	− 5.000,00 EUR
Arbeitslohn	2.200,00 EUR
− Rabatt-Freibetrag (§ 8 Abs. 3)	− 1.080,00 EUR
= **geldwerter Vorteil**	**1.120,00 EUR**

Fall 6:

    Versorgungsbezüge für 12 Monate:
    Ruhegehalt (12 x 600 €)   7.200 EUR
    Weihnachtsgeld   1.100 EUR
    Bemessungsgrundlage: 8.300 EUR

    Versorgungsfreibetrag:
    40 % von 8.300 € = 3.320 €, höchstens   3.000 EUR
    Zuschlag zum Versorgungsfreibetrag   900 EUR
    insgesamt   **3.900 EUR**

Der jährliche Freibetrag von **3.900 Euro** (3.000 € + 900 €) aus dem Jahr 2005 wird bis ans Lebensende der Diana Zorn festgeschrieben.

Fall 7:

    Versorgungsbezüge (3 x 1.000 €)   3.000 €
    Bemessungsgrundlage (12 x 1.000 €)   12.000 € (§ 19 Abs. 2 S. 4 Buchst. b)
    Versorgungsfreibetrag:
    36,8 % von 12.000 € = 4.416 €, höchstens   2.760 €
    Zuschlag zum Versorgungsfreibetrag   828 €
    Summe   3.588 €
    anteilig zu gewähren mit 3/12 = (3.588 € x 3/12)   **897 EUR**
    (§ 19 Abs. 2 S. 12)

Der jährliche Freibetrag von **3.588 Euro** (2.760 € + 828 €) aus dem Jahr 2007 wird bis ans Lebensende des Jochen Niedersberg festgeschrieben (§ 19 Abs. 2 S. 8).

Fall 8:

    Versorgungsbezüge (12 x 400 €)   4.800 €
    Bemessungsgrundlage (12 x 400 €)   4.800 € (§ 19 Abs. 2 S. 4 Buchst. b)
    Versorgungsfreibetrag:
    40 % von 4.800 € = 1.920 €, höchstens 3.000 €   1.920 €
    Zuschlag zum Versorgungsfreibetrag   900 €
    Summe   **2.820 EUR**

Der jährliche Freibetrag von **2.820 Euro** (1.920 € + 900 €) aus dem Jahr 2005 wird bis ans Lebensende des Manfred Schneider festgeschrieben (§ 19 Abs. 2 S. 8).

Fall 9:

Die **Entfernungspauschale** beträgt für den VZ 2007:

    235 Arbeitstage x (22 km – 20 km) 2 km x 0,30 € =   **141 EUR**

Fall 10:

Die **Entfernungspauschale** beträgt für den VZ 2007:

    235 Arbeitstage x (22 km – 20 km) 2 km x 0,30 € =   **141 EUR**

Fall 11:

Die **Entfernungspauschale** beträgt für den VZ 2007:

230 Arbeitstage x (50 km – 20 km) 30 km x 0,30 € =   **2.070 EUR**

Fall 12:

Ehemann:
230 Arbeitstage x 20 km x 0,30 € =   1.380 EUR

Ehefrau:
230 Arbeitstage x 20 km x 0,30 € =   1.380 EUR
insgesamt   **2.760 EUR**

Fall 13:

	EUR
Bruttogehalt i.S.d. § 19 Abs. 1 EStG 18.500 €	
– Werbungskosten:	
130 Tage x 25 km x 0,30 € = – 975 €	
Entfernungspauschale höher als WKP (920 €)	17.525
Versorgungsbezüge i.S.d. § 19 Abs. 2 EStG	
Pension für 5 Monate (5 x 1.980 €) 9.900 €	
Bemessungsgrundlage (12 x 1.980 €) 23.760 € (§ 19 Abs. 2 S. 4 Buchst. b)	
– Versorgungsfreibetrag:	
36,8 % von 23.760 € = 8.744 €, höchstens – 2.760 €	
Zuschlag zum Versorgungsfreibetrag – 828 €	
3.588 €	
anteilig: 3.588 € x 5/12 (§ 19 Abs. 2 S. 12) = – 1.495 €	
= steuerpflichtiger Teil der Versorgungsbezüge 8.405 €	
– Werbungskosten-Pauschbetrag (§ 9a S. 1 Nr. 1b) – 102 €	8.303
= Einkünfte aus nichtselbständiger Arbeit im VZ 2007	**25.828**

Fall 14:

Die Eheleute können von den Kinderbetreuungskosten **4.000 Euro** wie Werbungskosten bzw. Betriebsausgaben im VZ 2007 geltend machen (§ 4f EStG):

2/3 von 7.500 € = 5.000 €, höchstens   **4.000 Euro**

2.500 Euro (1/3 von 7.500 €) der Kosten müssen die Eltern selbst tragen.

11.2 Einkünfte aus Kapitalvermögen (§ 20 EStG)

Fall 1:

	EUR
Netto-Dividende (78,9 % der Bar-Dividende)	946,80 €
+ Kapitalertragsteuer (20 % von 1.200 €)	240,00 €
+ Solidaritätszuschlag (5,5 % von 240 €)	13,20 €
= Bar-Dividende	1.200,00 €
− steuerfreier Betrag nach § 3 Nr. 40d (50 % von 1.200 €)	− 600,00 €
= **steuerpflichtige Einnahme** aus Kapitalvermögen	**600**

Fall 2:

Die steuerpflichtige Einnahme beträgt **1.000 EUR** [1.578 € : 78,9 x 100 = 2.000 € (Bar-Dividende) − 1.000 € (steuerfreier Betrag nach § 3 Nr. 40d) = 1.000 €].

Fall 3:

	EUR
Bankgutschrift (73,625 % der Brutto-Einnahme)	4.417,50 €
+ Kapitalertragsteuer (25 % von 6.000 €)	1.500,00 €
+ Solidaritätszuschlag (5,5 % von 1.500 €)	82,50 €
= **steuerpflichtige Einnahme** aus Kapitalvermögen	**6.000**

Fall 4:

Nach § 20 Abs. 1 Nr. 6 Satz 1 EStG betragen die steuerpflichtigen **Einnahmen** aus Kapitalvermögen **30.000 Euro** (90.000 € − 60.000 €).
Das Halbeinkünfteverfahren kommt **nicht** in Betracht, weil der Steuerpflichtige das 60. Lebensjahr noch nicht vollendet hat.

Fall 5:

	EUR
Netto-Zinsen (68,35 % der Brutto-Zinsen)	5.468,00 €
+ Zinsabschlag (30 % von 8.000 €)	2.400,00 €
+ Solidaritätszuschlag (5,5 % von 2.400 €)	132,00 €
= **steuerpflichtige Einnahme** (Brutto-Zinsen)	**8.000**

Fall 6:

A. Einzelveranlagung

A Werbungskosten (§ 9 Abs. 1 Satz 1 EStG)	**500 EUR**
B Werbungskosten-Pauschbetrag (§ 9a Satz 1 Nr. 2 EStG)	**51 EUR**
C Werbungskosten-Pauschbetrag (§ 9a Satz 1 Nr. 2 EStG)	**51 EUR**
D Werbungskosten (§ 9 Abs. 1 Satz 1 EStG)	**65 EUR**

B. Zusammenveranlagung

	EM EUR		EF EUR	
FF	WKP	51	WKP	51
GG	WK	150	WK	200
HH	WK	500	WK	0
II	WK	150	WK	25
KK	WKP	51	WKP	51
LL	WK	100	WK	90

Fall 7:

A. Einzelveranlagung

A	Einnahmen	6.900 EUR
	– Werbungskosten	1.000 EUR
	– Sparer-Freibetrag	750 EUR
	Einkünfte	**5.150 EUR**

B	Einnahmen	5.400 EUR
	– Werbungskosten	51 EUR
	– Sparer-Freibetrag	750 EUR
	Einkünfte	**4.599 EUR**

C	Einnahmen	9.000 EUR
	– Werbungskosten-Pauschbetrag	51 EUR
	– Sparer-Freibetrag	750 EUR
	Einkünfte	**8.199 EUR**

D	Einnahmen	210 EUR
	– Werbungskosten	130 EUR
	– Sparer-Freibetrag	80 EUR
	Einkünfte	**0 EUR**

E	Einnahmen	80 EUR
	– Werbungskosten	100 EUR
	– Sparer-Freibetrag	0 EUR
	Einkünfte	**– 20 EUR**

B. Zusammenveranlagung

		EM	EF	EM EUR	EF EUR	Gesamt EUR
FF	Einnahmen	9.000	0			
	– WKP	102	0			
	– SpFB	1.500	0	7.398	0	7.398
GG	Einnahmen	7.000	2.000			
	– WK	300	400			
	– SpFB	750	750	5.950	850	6.800
HH	Einnahmen	5.000	3.800			
	– WK	1.000	0			
	– SpFB	750	750	3.250	3.050	6.300
II	Einnahmen	200	500			
	– WK	300	50			
	– SpFB	0	450	– 100	0	– 100
KK	Einnahmen	90	130			
	– WKP	51	51			
	– SpFB	39	79	0	0	0
LL	Einnahmen	150	170			
	– WK	200	180			
	– SpFB	0	0	– 50	– 10	– 60
MM	Einnahmen	130	50			
	– WKP	51	50			
	– SpFB	79	0	0	0	0

(Quellenhinweis: § 8 Abs. 1 S. 1/§ 9 Abs. 1 S.1/§ 9a S. 1 Nr. 2/R 9a Abs. 1/
§ 20 Abs. 1 und 4)

Fall 8:

	Bar-Dividende (14.089,17 € : 78,9 x 100)	17.857 EUR	
–	steuerfreier Betrag nach § 3 Nr. 40d	– 8.929 EUR	8.928 EUR
–	WKP		– 51 EUR
–	SpFB		– 750 EUR
=	**Einkünfte aus Kapitalvermögen** (Quellenhinweis: s.o.)		**8.127 EUR**

Fall 9:

	EM EUR	EF EUR	Gesamt EUR
Einkünfte aus nichtselbständiger Arbeit (§ 19)			
Bruttoarbeitslohn 13.252 EUR − Arbeitnehmer-Pauschbetrag − 920 EUR	12.332		12.332
Einkünfte aus Kapitalvermögen (§ 20)			
EM EUR EF EUR			
Bar-Dividende 4.800,00*) 1.000,00 − steuerfreier Betrag − 2.400,00 − 500,00 Zinsen 500,00 Einnahmen 2.400,00 1.000,00 − Werbungskosten − 1.000,00**) − 50,00***) − Sparer-Freibetrag − 750,00 − 750,00	650	200	850
= **Einkünfte der Eheleute Alt**			**13.182**

*) 3.787,20 € : 78,9 × 100 = 4.800 €

**) 50 % von 2.000 € = 1.000 € (§ 9 Abs. 1 Satz 1 i.V.m. § 3c Abs. 2 EStG)

***) Die 50 € entfallen auf Zinsen (keine Halbierung/kein WKP/ R 9a Abs. 1 S.3)

11.3 Einkünfte aus Vermietung und Verpachtung (§ 21 EStG)

Fall 1:

Einnahmen aus Vermietung (§ 8 Abs. 1 i.V.m. § 21 Abs. 1 EStG):

Tz. 1 Mieten 2007 für drei Wohnungen		18.000 EUR
Tz. 2 Mieten Oktober/November 2006, in 2007 vereinnahmt		1.000 EUR
Tz. 3 Garagenmieten		300 EUR
Tz. 4 Vermietung Werbefläche		60 EUR
Tz. 5 Umlagen (H 21.2 (Einnahmen) EStH i.V.m. § 11 EStG)		
in 2007 für 2007 vereinnahmt	1.350 EUR	
in 2007 für 2006 vereinnahmt	550 EUR	1.900 EUR
Insgesamt		**21.260 EUR**

Fall 2:

Einkünfte aus Vermietung und Verpachtung:

Einnahmen (§ 8 Abs. 1):		
EG (41,67 % der ortsüblichen Miete)		5.000 EUR
1. OG (100 % der ortsüblichen Miete)		12.000 EUR
2. OG (58,33 % der ortsüblichen Miete)		7.000 EUR
		24.000 EUR
– **Werbungskosten** (§ 9 Abs. 1):		
EG : 41,67 % von 5.000 = 2.084 EUR (§ 21 Abs. 2)		
1. OG	5.000 EUR	
2. OG	5.000 EUR	12.084 EUR
= **Einkünfte** (§ 21 Abs. 1)		**11.916 EUR**

Fall 3:

Werbungskosten (§ 9 Abs. 1 Nr. 1 EStG; H 21.2 (Finanzierungskosten) EStH):

Schuldzinsen (8 % von 150.000 EUR für 9 Monate)	9.000 EUR
Damnum (2 % von 150.000 EUR)	3.000 EUR
Grundbuch- und Notargebühren (800 + 700)	1.500 EUR
insgesamt	**13.500 EUR**

Fall 4:

Werbungskosten (Quellenangaben siehe oben):

Darlehnszinsen	10.500 EUR
Geldbeschaffungskosten	2.000 EUR
insgesamt	**12.500 EUR**

Fall 5:

1. Austausch Fenster und Türschlösser:	EA
2. Heizungsumstellung:	EA
3. Ausbau des Dachgeschosses:	HA
4. Markisenanbau (BFH v. 29.8.1989, BStBl. 1990 II S. 430):	HA
5. Einbau einer Alarmanlage (BFH v. 16.2.1993, BStBl. 1993 II S. 544):	HA
6. Anbau eines Wintergartens:	HA
7. Austausch des Öltanks:	EA

Wirkung EA/HA:
EA mindert als sofort abzugsfähiger Aufwand die Einkünfte in voller Höhe.
HA mindert die Einkünfte nur in Höhe der anteiligen Jahresabschreibung.

Fall 6:

Einnahmen (§ 8 Abs. 1 S. 1 EStG):

Tz. 1 Mieteinnahmen		21.150 EUR	
a) Miete für Januar 2008, die erst in 2008 anzusetzen ist (§ 11 Abs. 1; H 11 (Allgemeines) EStH; **Zurechnung**sprinzip)		– 750 EUR	
b) Die Miete für Nov. und Dez. 2006 und Januar 2007 ist in 2007 anzusetzen (§ 11 Abs. 1; **Zufluss**prinzip)		0,00 EUR	20.400 EUR
Tz. 2 Einnahmen aus Umlagen [H 21.2 (Einnahmen) EStH]			2.350 EUR
Summe der Einnahmen			22.750 EUR

– **Werbungskosten** (§ 9 Abs. 1):

Tz. 3 Grundsteuer, Versicherungen (§ 9 Abs. 1 Nr. 2)	450 EUR	
Tz. 4 Einbau von Rollläden	1.850 EUR	
Die Ausgaben können als Erhaltungsaufwand behandelt werden, da sie nicht mehr als 4.000 EUR betragen (R 21.1 Abs. 2 S. 1 u 2 EStR).		
Tz. 5 Außenanstrich Erhaltungsaufwand	7.500 EUR	
Tz. 6 sonstige Reparaturkosten	400 EUR	
Tz. 7 Gebühren für Wasser, Müllabfuhr usw.	2.350 EUR	
Tz. 8 AfA (§ 9 Abs. 1 Nr. 7 EStG)	3.150 EUR	– 15.700 EUR
= **Einkünfte aus Vermietung und Verpachtung** (§ 21 Abs. 1 EStG)		**7.050 EUR**

Fall 7:

lineare AfA (§ 7 Abs. 4 Nr. 2a)
   2 % von 450.000 EUR = 9.000 EUR für 3 Monate   **2.250 EUR**
           (9.000 EUR x 3/12)

(Anteilige Jahres-AfA entsprechend § 7 Abs. 1 S. 4 EStG)

Fall 8:

degressive AfA (§ 7 Abs. 5 Nr. 3c/Staffel 04, 2. Jahr)

   4 % von 125.000 EUR =   **5.000 EUR**

[Volle Jahres-AfA gem. H 7.4 (Teil des auf ein Jahr entfallenden AfA-Betrags) EStH]

Fall 9:

Zu 1.	Miete und Nebenkosten [750 € x 6/H 11(Allgemeines) EStH]	4.500 EUR
	Kaution (keine Einnahmen)	0 EUR
	Schadenersatz [H 21.2 (Einnahmen) EStH]	119 EUR
	Einnahmen aus Vermietung und Verpachtung (§ 8 Abs. 1)	**4.619 EUR**

Zu 2.	Kaufpreis	245.000 EUR
	+ Grunderwerbsteuer (3,5 % von 245.000 €)	8.575 EUR
	+ Notar (2.000 + 380 € USt)	2.380 EUR
	+ Grundbuch	550 EUR
	= AK ETW einschließlich Grund und Boden	256.505 EUR
	= AK nur Wohnung (95 % von 256.505 €)	243.680 EUR
	lineare AfA: (§ 7 Abs. 4 Nr. 2a): 2 % v. 243.680 € x 8/12 =	**3.249 EUR**

Zu 3.	Notar (1.400 € + 266 € USt)	1.666 EUR
	Grundbuch	330 EUR
	laufende Kosten	1.300 EUR
	Schuldzinsen	7.480 EUR
	AfA	3.249 EUR
	Werbungskosten (§ 9 Abs. 1)	**14.025 EUR**

Fall 10:

Einnahmen (§ 8 Abs. 1):

Miete Erdgeschoss (120 x 10 EUR x 12)		14.400 EUR
1. OG wird in vollem Umfang zu eigenen Wohnzwecken genutzt		0 EUR
Umlagen		1.275 EUR
Summe der Einnahmen		15.675 EUR
– **Werbungskosten** (§ 9 Abs. 1):		
Schuldzinsen	6.916 EUR	
Haushaftpflichtversicherungsbeitrag	600 EUR	
Brandversicherungsbeitrag	100 EUR	
sonstige Hauskosten (umlagefähig)	2.550 EUR	
degressive AfA nach § 7 Abs. 5 (2 % v. 180.000)	3.600 EUR	
(§ 7 Abs. 5 Nr. 3a; Staffel 89, 15. Jahr)		
	13.766 EUR : 2 =	6.883 EUR
= **Einkünfte aus Vermietung und Verpachtung** (§ 21 Abs. 1)		**8.792 EUR**

Fall 11:

		EUR
Einkünfte aus selbständiger Arbeit (§ 18)		
Betriebseinnahmen	25.000 EUR	
– Betriebsausgaben, vorläufig	– 13.113 EUR	
vorläufiger Gewinn	11.887 EUR	
– restliche Betriebsausgaben *)	– **1.410 EUR**	10.477,00
Einkünfte aus Vermietung und Verpachtung (§ 21)		0,00
Bei dem **privat genutzten Teil des EFH** handelt es sich um ein begünstigtes Objekt i.S.d. EStG, das bei den Einkünften aus V+V nicht berücksichtigt wird. Der **betrieblich genutzte Teil des EFH** wird bei den Einkünften aus selbständiger Arbeit berücksichtigt (§ 21 Abs. 3/vgl. *).		
= **Einkünfte der Eheleute Steinert**		**10.477,00**

*) Die **restlichen Betriebsausgaben** berechnen sich wie folgt:	
Grundsteuer u. sonstige WK (20 % von 800 EUR)	160 EUR
Schuldzinsen (20 % von 2.500 EUR)	500 EUR
degressive AfA (2,5 % v. 30.000 €) (§ 7 Abs. 5 Nr. 1; Staffel 85, 14. Jahr)	750 EUR
Betriebsausgaben insgesamt	**1.410 EUR**

Fall 12:

Einnahmen (§ 8 Abs. 1):

Erdgeschoss [12 x (3.000 € + 400 €)]	40.800,00 EUR
vereinnahmte Umsatzsteuer (19 % von 40.800 €)	7.752,00 EUR
1. Obergeschoss (12 x 450 €)	5.400,00 EUR

Hinweis:
Die Miete (einschl. der umlagefähigen Kosten) für das 1. OG beträgt nur **37,5 %** der ortsüblichen Miete, also weniger als 56 %. Aus diesem Grund können 62,5 % der anteiligen Hausaufwendungen nicht als Werbungskosten abgezogen werden (§ 21 Abs. 2).

2. Obergeschoss (12 x 1.200 €)	14.400,00 EUR
Summe der Einnahmen	68.352,00 EUR

– **Werbungskosten** (§ 9 Abs. 1):

Grundbesitzabgaben	1.978,60 €		
Wohngebäudeversicherung	768,40 €		
Gebäudehaftpflichtversicherung	450,00 €		
Schornsteinfegergebühr	228,40 €		
Hausstrom	268,30 €		
Wasser	2.240,12 €		
Heizöl	2.980,11 €		
Reparaturen	21.000,00 €		
AfA	3.870,00 €		
	33.783,93 €		
x 2/3 (EG + 2. OG)	– 22.522,62 €		– 22.522,62 EUR
	11.261,31 €		
x 62,5 % (62,5 % von 11.261,31 €)	– 7.038,32 €	(**nicht** abziehbar)	
x **37,5 %** *) (37,5 % von 11.261,31 €)	– 4.222,99 €	(abziehbar)	– 4.222,99 EUR
*) (37,5 % = 1. OG, vgl. Hinweis oben)	0,00 €		

Reparatur Bäckerei (**100 %**)	– 11.600,00 EUR
gezahlte USt in 2007 (4 x 1.632 €) (**100 %**)	– 6.528,00 EUR
= **Einkünfte** aus Vermietung und Verpachtung (§ 21 Abs. 1)	**23.478,39 EUR**

Fall 13:

Einnahmen (§ 8 Abs. 1):

Erdgeschoss (2.000 € x 2 Monate)	4.000,00 EUR

− **Werbungskosten** (§ 9 Abs. 1)*:

Darlehnszinsen (15.000 € x 50 %)	7.500 €
Disagio (2 % von 308.500 € = 6.170 € x 50 %)	3.085 €
Grundsteuer (400 € x 50 %)	200 €
Geldbeschaffungskosten (1.200 € x 50 %)	600 €
Abschreibung (siehe unten Ermittlung der AfA)	511 €
	− 11.896,00 EUR

= **Einkünfte aus Vermietung und Verpachtung** (§ 21 Abs. 1) − **7.896,00 EUR**

* Aufgrund der fehlenden Vermietungsabsicht sind nur 50 % der Werbungskosten zu berücksichtigen (zur Problematik "Einkünfteerzielungsabsicht bei leerstehenden Immobilien" vgl. BMF-Schreiben vom 8.10.2004, BStBl. I 2004 S. 933 ff).

Ermittlung der Abschreibung (§ 7 Abs. 4 Nr. 2a):

Grunderwerbsteuer (AK Grund und Boden)	0,00 €
Notar- und Grundbuchkosten (AK Grund und Boden)	0,00 €
Straßenanliegerbeiträge (AK Grund und Boden)	0,00 €
Baugenehmigungsgebühr	300,00 €
Architektenhonorar	6.300,00 €
Bauunternehmer	300.000,00 €
Grundsteuer (Werbungskosten)	0,00 €
= Herstellungskosten (vgl. auch R 6.4 u. H 6.4 "ABC ...")	306.600,00 €
davon entfallen 50 % * auf vermietetes EG =	153.300,00 €
Abschreibung: 2 % von 153.300 € = 3.066 € x 2/12 =	**511,00 €**

11.4 Sonstige Einkünfte im Sinne des § 22 EStG

Fall 1:

Rente aus der gesetzlichen Rentenversicherung	19.626 €	
+ Rente aus der betrieblichen Pensionskasse (12 x 500 €)	6.000 €	
= Jahresbetrag der Rente	25.626 €	
− unveränderter Rentenfreibetrag aus dem VZ 2005	− 12.813 €	
steuerpflichtiger Teil der Rente (Einnahme) im VZ 2007		**12.813 EUR**
(Besteuerungsanteil: 50 % von 25.626 € = 12.813 €/§ 22 Nr. 1 Satz 3 Buchstabe a Doppelbuchstabe aa Sätze 1 bis 5 = Bestandsrente)		

Fall 2:

Renteneintritt 1.7.2007 (6 x 1.200 €) *)	7.200 €	
− Rentenfreibetrag (46 % von 7.200 €)	− 3.312 €	
steuerpflichtiger Teil der Rente (Einnahme) im VZ 2007		**3.888 EUR**
(Besteuerungsanteil: 54 % von 7.200 € = 3.888 €/§ 22 Nr. 1 Satz 3 Buchstabe a Doppelbuchstabe aa Sätze 1 bis 4)		

*) 1.113,60 € Netto-Rente: 92,8 (100 − 7,2) x 100 = 1.200 € Brutto-Rente

Fall 3:

steuerpflichtiger Teil der Rente (Einnahme)	12.813 EUR	
− Werbungskosten-Pauschbetrag (§ 9a Satz 1 Nr. 3)	− 102 EUR	
= **sonstige Einkünfte i.S.d. § 22 Abs. 1 Nr. 1a**	**12.711 EUR**	

Fall 4:

steuerpflichtiger Teil der Rente (Einnahme)	3.888 EUR	
− Werbungskosten-Pauschbetrag (§ 9a Satz 1 Nr. 3)	− 102 EUR	
= **sonstige Einkünfte i.S.d. § 22 Abs. 1 Nr. 1a**	**3.786 EUR**	

Fall 5:

Tz. 1 Leibrente i.S.d. § 22 Nr. 1	7.614 €	
− unveränderte Rentenfreibetrag aus dem VZ 2005	− 3.807 €	
= steuerpflichtiger Teil der Rente im VZ 2007	3.807 €	
− WKP (§ 9a Satz 1 Nr. 3)	− 102 €	3.705 EUR
Tz. 2 private Veräußerungsgeschäfte i.S.d. § 23 Abs. 1 Nr. 1		
Veräußerungspreis	70.000 €	
− Anschaffungskosten	− 50.000 €	
− Werbungskosten	− 2.000 €	
= Gewinn aus privatem Veräußerungsgeschäft	18.000 €	18.000 EUR
= **sonstige Einkünfte i.S.d. § 22**		**21.705 EUR**

Fall 6:

Zu 1. **Ja**, weil der maßgebliche Zeitraum zwischen Anschaffung und Veräußerung (2.9.2003 bis 29.12.2007) **nicht mehr als zehn Jahre** beträgt.

Zu 2.

Veräußerungspreis		650.000 EUR
− AK des Grund und Bodens		− 100.000 EUR
− fortgeführte HK des Gebäudes		
HK des Gebäudes	400.000 €	
degr. AfA (03 bis 06)	− 80.000 € (vgl. H 7.4 (Teil des ...))	
(2007: 11/12 v. 20.000)	− 18.333 €	− 301.667 EUR
− Werbungskosten		− 10.220 EUR
Gewinn aus privatem Veräußerungsgeschäft (§ 23 Abs. 3)		**238.113 EUR**

Zu 3. **Nein**, weil D im Zeitraum zwischen Fertigstellung und Veräußerung das Haus ausschließlich zu eigenen Wohnzwecken verwendet (§ 23 Abs. 1 Nr. 1 S. 3).

Fall 7:

		EUR
Veräußerungspreis der Aktien	15.000 €	
− Anschaffungskosten der Aktien	− 10.000 €	
− Werbungskosten	− 162 €	
= Gewinn aus privatem Veräußerungsgeschäft	4.838 €	
x **50 %** = **steuerpflichtiger** Veräußerungsgewinn (§ 23 Abs. 3 i. V. m. § 3 Nr. 40j und § 3c Abs. 2)		**2.419**

Fall 8:

	EUR
Veräußerungserlös (150 x 70 €)	10.500
− AK [100 Stück (07.06.06) + 50 Stück (13.09.06)]	− 7.750
= Gewinn aus privatem Veräußerungsgeschäft	2.750
x **50 %** = **steuerpflichtiger** Veräußerungsgewinn (§ 23 Abs. 3)	**1.375**

Fall 9:

		EUR
Veräußerungserlös der Aktien	8.300,00 €	
− Anschaffungskosten der Aktien (7.250 € + 108,75 €)	− 7.358,75 €	
= Gewinn aus privatem Veräußerungsgeschäft	941,25 €	
x **50 %** = **steuerpflichtiger** Veräußerungsgewinn	470,63 €	
Da der steuerpflichtige Gewinn die Freigrenze von 512 Euro **nicht** übersteigt, bleibt er **steuerfrei** (§ 23 Abs. 3 Satz 6)		0,00

Fall 10:

Kaminski hat **keine steuerpflichtigen Einkünfte i.S.d. § 22**, weil der maßgebende Zeitraum zwischen Anschaffung und Veräußerung **mehr als ein Jahr** beträgt.

Fall 11:

Veräußerungs**verlust** 2007 (§ 23 Abs. 3 i.V.m. Abs. 1 Nr. 1)	− 500 EUR
Veräußerungs**gewinn** 2007 (§ 23 Abs. 3 i.V.m. Abs. 1 Nr. 2)	+ 800 EUR
Einkünfte aus privaten Veräußerungsgeschäften	**300 EUR**

Da die Freigrenze von 511,99 EUR (§ 23 Abs. 3 S. 6) nicht überschritten wird, hat Kaminski **keine steuerpflichtigen Einkünfte i.S.d. § 22 (horizontaler Verlustausgleich** nach § 23 Abs. 3 Satz 8).
[Hinweis: Bei festverzinslichen Wertpapieren gilt **nicht** das Halbeinkünfteverfahren.]

Fall 12:

Ein Verlustausgleich ist in **2007 nicht** möglich, weil Maier keinen Gewinn aus privaten Veräußerungsgeschäften erzielt hat (§ 23 Abs. 3 **Satz 8**). Ein Ausgleich mit **anderen** Einkunftsarten ist unzulässig.
Nach § 23 Abs. 3 **Satz 9** kann Maier jedoch von dem Verlust von 50.000 EUR **30.000 EUR** auf das Jahr **2006 zurücktragen** und mit dem "Spekulationsgewinn" verrechnen.
Der in 2006 nicht ausgeglichene Verlust von **20.000 EUR** kann er auf die Jahre **2008 ff. vortragen**.

Fall 13:

	EM EUR	EF EUR	Gesamt EUR
sonstige Einkünfte i.S.d. § 22			
EM			
245 EUR steuerfrei, weil die Freigrenze (255,99 €) **nicht** überschritten ist (§ 22 Nr. 3 Satz 2)	0		
EF			
300 EUR steuerpflichtig, weil die Freigrenze (255,99 €) überschritten ist (§ 22 Nr. 3 Satz 2)		300	300

Zusammenfassende Erfolgskontrolle zum 1. bis 11. Kapitel

	EM EUR	EF EUR	Gesamt EUR
Einkünfte aus nichtselbst. Arbeit (§ 19)			
Einnahmen 22.602 EUR			
− Arbeitnehmer-Pauschbetrag (§ 9a Nr. 1a) − 920 EUR			
Der Arbeitnehmer-Pauschbetrag ist höher als die tatsächlichen Werbungskosten nach § 9 Abs. 1.	21.682		21.682
Einkünfte aus Kapitalvermögen (§ 20)			
Einnahmen:			
Bar-Dividende (5.996,40 : 78,9 x 100) 7.600 EUR			
− steuerfreier Betrag (50 % v. 7.600 €) 3.800 EUR			
steuerpflichtige Einnahme 3.800 EUR			
− WKP (§ 9a Nr. 2) − 102 EUR			
− Sparer-Freibetrag (§ 20 Abs. 4) − 1.500 EUR		2.198	2.198
Einkünfte aus Vermietung und Verpachtung (§ 21)			
EFH des Ehemannes in Koblenz			
Für die selbstgenutzte Wohnung ergeben sich keine Einkünfte aus V + V.			0
ZFH der Eheleute in Neuwied			
Einnahmen (750 EUR x 3) 2.250 EUR			
− Werbungskosten (§ 9 Abs. 1):			
Schuldzinsen − 6.750 EUR			
degressive Gebäude-AfA nach § 7 Abs. 5 Nr. 3c (4 % v. 248.500 €) − 9.940 EUR			
Einkünfte Haus Neuwied − 14.440 EUR			
EFH der Eheleute in Bonn			
Einnahmen (1.250 EUR x 12) 15.000 EUR			
− Werbungskosten (§ 9 Abs. 1):			
AfA (2 % v. 375.000 €/§ 7 Abs. 4 Nr. 2a) − 7.500 EUR			
sonstige WK − 1.000 EUR			
Einkünfte Haus Bonn **+ 6.500 EUR**			
Verlust insgesamt (− 14.440 EUR + 6.500 EUR)	− 3.970	− 3.970	− 7.940
Übertrag:	17.712	− 1.772	15.940

Übertrag: sonstige Einkünfte i.S.d. § 22 i.V.m. § 23		17.712	− 1.772	15.940
Veräußerungspreis	505.000 EUR			
− AK 500.000 €				
AfA nach § 7 Abs. 4				
2 % von 375.000 EUR				
2006 AfA für 4 Monate 2.500 €				
2007 für 10 Monate 6.250 €				
verbleiben	− 491.250 EUR			
− Werbungskosten	− 2.600 EUR			
= Gewinn aus pr. Veräußerungsg.	11.150 EUR	5.575	5.575	11.150
= **Einkünfte der Eheleute Weyer**				**27.090**

12 Summe der Einkünfte

Fall 1:

	EUR
Einkünfte aus Gewerbebetrieb (§ 15)	20.000
Einkünfte aus Kapitalvermögen (§ 20)	10.000
Einkünfte aus Vermietung und Verpachtung (§ 21)	
Einfamilienhaus 3.000 €	
Zweifamilienhaus − 10.000 €	
Mietwohngrundstück 5.000 €	− 2.000
sonstige Einkünfte i.S.d. § 22	
Verluste aus privaten Veräußerungsgeschäften dürfen **nicht** mit positiven Einkünften **anderer** Einkunftsarten ausgeglichen werden (§ 23 Abs. 3 Satz 8)	0
= **Summe der Einkünfte**	**28.000**

Fall 2:

	Ehemann EUR	Ehefrau EUR	Gesamt EUR
Einkünfte aus Gewerbebetrieb (§ 15)	75.000		75.000
Einkünfte aus selbständiger Arbeit (§ 18)		40.000	40.000
Einkünfte aus Vermietung und Verpachtung (§ 21)	− 150.000	12.500	− 137.500
sonstige Einkünfte i.S.d. § 22		− 2.500	− 2.500
= **Summe der Einkünfte**			**0**

Der nicht **ausgeglichene Verlust** in Höhe von **25.000 Euro** kann unter bestimmten Voraussetzungen nach § 10d EStG **zurückgetragen oder vorgetragen** werden.

Zusammenfassende Erfolgskontrolle zum 1. bis 12. Kapitel

			EUR
Einkünfte aus nichtselbständiger Arbeit (§ 19)			
Arbeitslohn aus aktiver Tätigkeit	15.000 EUR		
Ruhegehalt (**keine** Versorgungsbezüge, vgl. Alter)	600 EUR		
	15.600 EUR		
− Arbeitnehmer-Pauschbetrag	− 920 EUR		14.680
Einkünfte aus Kapitalvermögen (§ 20)			
Einnahmen: 100 x 2,25 € (Bar-Dividende) =	225,00 EUR		
− steuerfreier Betrag nach § 3 Nr. 40d	− 112,50 EUR		
steuerpflichtige Einnahme	112,50 EUR		
− Werbungskosten (Zinsen) (450 € x 50 %)	− 225,00 EUR		
− Sparer-Freibetrag	0,00 EUR		
	112,50 EUR		− 113
Einkünfte aus Vermietung und Verpachtung (§ 21)			
Bei der selbstgenutzten Eigentumswohnung liegen keine Einkünfte aus Vermietung und Verpachtung vor.			0
sonstige Einkünfte im Sinne des § 22			
Jahresbetrag der Rente (2 x 900 €) =	1.800 €		
− Rentenfreibetrag (46 % von 1.800 €)	− 828 €		
steuerpflichtiger Teil der Rente (54 %)	972 €		
− Werbungskosten-Pauschbetrag (§ 9a)	− 102 €	870 €	
bestimmte Leistungen	350 €		
− Werbungskosten	− 72 €	278 €	1.148
= Summe der Einkünfte			**15.715**

13 Gesamtbetrag der Einkünfte

13.1 Altersentlastungsbetrag (§ 24a EStG)

Fall 1:

		EUR
Einkünfte aus nichtselbständiger Arbeit (§ 19)		
Versorgungsbezüge	19.200 €	
− Versorgungsfreibetrag: 40 % *) von 19.200 € = 7.680 €, höchstens 3.000 €	− 3.000 € *)	
Zuschlag zum Versorgungsfreibetrag	− 900 € *)	
= steuerpflichtiger Teil der Versorgungsbezüge	15.300 €	
− Werbungskosten-Pauschbetrag	− 102 €	15.198
Einkünfte aus Vermietung und Verpachtung (§ 21)		6.000
= Summe der Einkünfte		21.198
− Altersentlastungsbetrag (§ 24a) 36,8 % von 6.000 € = 2.208 €, höchstens		− 1.748 **)
= Gesamtbetrag der Einkünfte im VZ 2007		**19.450**

*) Da das Jahr des Versorgungsbeginns vor 2006 liegt, gilt der Prozentsatz von 40 %, der Höchstbetrag von 3.000 € und der Zuschlag von 900 € (§ 19 Abs. 2 Satz 3 EStG).

) Der Prozentsatz (36,8 %) und der Höchstbetrag (1.748 €**) bleiben beim Altersentlastungsbetrag auf Dauer **unverändert**. Allerdings wird – anders als bei den Renten und Versorgungsbezügen – kein lebenslanger Freibetrag festgeschrieben, weil in der Regel die Höhe der Einkünfte von Jahr zu Jahr schwanken wird.

13.2 Entlastungsbetrag für Alleinerziehende (§ 24b EStG)

Fall 2:

Die Steuerpflichtige Horn erfüllt alle Voraussetzungen des § 24b Abs. 1 und Abs. 2, so dass sie im VZ 2007 den **Entlastungsbetrag für Alleinerziehende** in Höhe von **1.308 Euro** in Anspruch nehmen kann.

13.3 Freibetrag für Land- und Forstwirte (§ 13 Abs. 3 EStG)

Fall 3:

	EM EUR	EF EUR	Gesamt EUR
Einkünfte aus L + F (§ 13)		25.000	25.000
Einkünfte aus Gewerbebetrieb (§ 15)	30.000		30.000
= **Summe der Einkünfte**			55.000
− Freibetrag für Land- und Forstwirte (§ 13 Abs. 3)			− 1.340
= **Gesamtbetrag der Einkünfte**			**53.660**

Zusammenfassende Erfolgskontrolle zum 1. bis 13. Kapitel

	Ehemann EUR	Ehefrau EUR	Gesamt EUR
Einkünfte aus Gewerbebetrieb (§ 15)			
vorläufiger Gewinn 65.000 EUR − degressive AfA Pkw 30 % von 20.000 EUR für 6 Monate (6/12) − 3.000 EUR + Erlös Verkauf Pkw 2.000 EUR − Restbuchwert Pkw − 1 EUR	63.999		63.999
Einkünfte aus Kapitalvermögen (§ 20)			

EM   EF
Zinsen   750,00 750,00
Bar-Dividende 1.200 *)
− stfr. Betrag   − 600
stpfl. Einnahme   600,00
                             750,00 1.350,00
− WKP   51,00   51,00
− Sparer-Freibetrag   699,00 801,00
                               0,00   498,00
	0	498	498

*) 946,80 : 78,9 x 100 = 1.200			
Einkünfte aus V + V (§ 21)			

Einnahmen:
Miete (800 € x 2 x 12)   19.200 €
Umlagen (160 € x 2 x 12)   3.840 €
                                   23.040 €
− Werbungskosten:
AfA (2 % von 250.000 €)   5.000 €
Schuldzinsen   1.800 €
Dachreparatur (EA)   5.950 €
Grundsteuer usw.   1.650 €
Schornsteinreinigung usw. 2.190 €
                                   16.590 €
	3.225	3.225	6.450

Die **Rente** von der Berufsgenossenschaft ist nach § 3 Nr. 1a EStG **steuerfrei.**			
= **Summe der Einkünfte**	67.224	3.723	70.947
− Altersentlastungsbetrag (§ 24a)			
EM: 40 % von 67.224 EUR = 26.890 EUR, höchstens			− 1.900
EF: 40 % von 3.723 EUR =			− 1.490
= **Gesamtbetrag der Einkünfte**			**67.557**

14 Einkommen

14.1 Verlustabzug nach § 10d EStG

Fall 1:

	EUR
2006:	
Gesamtbetrag der Einkünfte	700.000
2007:	
Einkünfte aus Gewerbebetrieb (§ 15) − 600.000 €	
Einkünfte aus Kapitalvermögen (§ 20) 0 €	
Gesamtbetrag der Einkünfte − 600.000 €	
Der Verlust von 600.000 Euro kann nur bis zur Höhe von auf das Jahr 2006 zurückgetragen werden.	− 511.500
verbleibender Gesamtbetrag der Einkünfte 2006	188.500

Der nicht ausgeglichene Verlust von **88.500 Euro** (600.000 € − 511.500 €) kann nach § 10d Abs. 2 EStG auf die folgenden Veranlagungszeiträume (VZ 2008 ff.) vorgetragen werden.

Fall 2:

	EUR	EUR
Verlustvortrag zum 31.12.2007	88.500	
Gesamtbetrag der Einkünfte 2008		300.000
− unbeschränkter Verlustabzug (**Verlustvortrag**)	88.500	**− 88.500**
= verbleibender Gesamtbetrag der Einkünfte 2008		211.500
verbleibender Verlustvortrag	0	

Eibel kann seinen Verlust von 88.500 € im VZ 2008 unbeschränkt vortragen. Die Begrenzung von 1. Mio. Euro (+ 60 % des 1 Mio. Euro übersteigenden Betrags) ist nicht überschritten (§ 10d Abs. 2 EStG).

14.2 Sonderausgaben

Fall 1:

	Kirchensteuer		
	gezahlt	800 EUR	
	gezahlt	1.950 EUR	
		2.750 EUR	
−	erstattet [H 10.1 (Abzugshöhe/...)]	− 370 EUR	2.380 EUR
=	abzugsfähige **Sonderausgaben** (§ 10 Abs. 1 Nr. 4)		**2.380 EUR**

Fall 2:

Zu 1. Der Steuerpflichtige kann von den Unterhaltsaufwendungen **13.805 €** als Sonderausgaben abziehen. Der Höchstbetrag von 13.805 € (§ 10 Abs. 1 Nr.1) gilt auch dann, wenn Unterhaltsleistungen nur für einen Teil des Kalenderjahrs erbracht wurden.

Zu 2. **Einkünfte der Frau i.S.d. § 22 Nr. 1a**:

Einnahmen 18.000 EUR, höchstens zu versteuern		13.805 EUR
− Werbungskosten-Pauschbetrag (§ 9a Nr. 3)		− 102 EUR
= **steuerpflichtige sonstige Einkünfte** i.S.d. § 22 Nr. 1a		**13.703 EUR**

Fall 3:

Daniel Kühn kann die Unterhaltsleistungen an seine geschiedene Frau **nicht** als Sonderausgaben abziehen, weil seine Frau **nicht unbeschränkt** einkommensteuerpflichtig ist und ihren **Wohnsitz nicht** in einem **EU/EWR-Staat** hat [H 10.2 (Nicht einkommensteuerpflichtige Empfänger) EStH/§ 1a Abs. 1 Nr. 1 EStG].

Fall 4:

Der **Sonderausgabenabzug** nach § 10 Abs. 1 Nr. 7 kommt **nicht** in Betracht.

Die Aufwendungen sind als **Werbungskosten** (§ 9 Abs. 1) in voller Höhe **abzugsfähig**, weil ein objektiver Zusammenhang mit dem Beruf besteht und die Aufwendungen subjektiv zur Förderung des Berufs getätigt werden.

Fall 5:

Der **Sonderausgabenabzug** nach § 10 Abs. 1 Nr.7 kommt **nicht** in Betracht.

Der **Ehemann** kann als freiberuflich tätiger Arzt seine **Fortbildungsaufwendungen** in voller Höhe als **Betriebsausgaben** (§ 4 Abs. 4) abziehen.

Die **Ehefrau** kann als Angestellte ihre **Fortbildungsaufwendungen** in voller Höhe als **Werbungskosten** (§ 9 Abs. 1) geltend machen.

Fall 6:

Die Eheleute können weder nach § 10 Abs. 1 **Nr. 5** EStG (altersmäßige Voraussetzung des Kindes liegt nicht vor) noch nach § 10 Abs. 1 **Nr. 8** EStG (Ehefrau ist weder in der Ausbildung noch behindert oder krank) die Kinderbetreuungskosten als Sonderausgaben abziehen.
Ebenso können die Kinderbetreuungskosten nicht wie Werbungskosten nach **§ 4f EStG** geltend gemacht werden, weil beide Elternteile nicht erwerbstätig sind.

Fall 7:

Von den Kinderbetreuungskosten sind **3.000 Euro** (2/3 von 4.500 €) als Sonderausgaben abziehbar (§ 10 Abs. 1 **Nr. 8** EStG/Kind 8 Jahre/Mutter befindet sich in Ausbildung). Die Höchstgrenze von 4.000 Euro wird nicht überschritten.

Fall 8:

Nein, weil mit der Zahlung eine **Gegenleistung** (Gewinnchance) verbunden ist.

Fall 9:

Ja, weil die Zuwendung (Sachzuwendung) zur Förderung des **Sports** nach § 52 Abs. 2 **Nr. 21** AO n.F. steuerlich abzugsfähig ist.
Die **Mitgliedsbeiträge** können **nicht** abgezogen werden (§ 10b Abs. 1 **Satz 2** EStG n.F.).

Fall 10:

Ja, weil alle Voraussetzungen des § 10b Abs. 1 EStG n.F. i.V.m. § 52 Abs. 2 **Nr. 7** AO n.F. vorliegen.

Fall 11:

Ja, weil alle Voraussetzungen des § 10b Abs. 1 EStG n.F. i.V.m. § 52 Abs. 2 **Nr. 1** AO n.F. vorliegen.

Fall 12:

Nach § 10b Abs. 1 Satz 1 EStG n.F. i.V.m. § 52 Abs. 2 **Nr. 5** AO n.F. und § 54 AO werden die abzugsfähigen Zuwendungen wie folgt berechnet:

        Zuwendungen 3.500 € (2.000 € + 1.500 €)
        maximal abzugsfähig:
        20 % von 20.000 € = 4.000 €,
        höchstens Zuwendungen   **3.500 €**

Fall 13:

	§ 34g	§ 10b Abs. 2
A	500 EUR	0 EUR
B	800 EUR	0 EUR
C	825 EUR	550 EUR
D	825 EUR	1.650 EUR
AA	1.000 EUR	0 EUR
BB	1.250 EUR	0 EUR
CC	1.650 EUR	0 EUR
DD	1.650 EUR	3.300 EUR

Fall 14:

1. Die Steuerermäßigung nach § 34g beträgt 50 % von 1.500 EUR = **750 EUR**.

2. Die nach § 10b abzugsfähigen Zuwendungen betragen **0 EUR**, weil die Zuwendungen, für die eine Ermäßigung nach § 34g gewährt wird, nicht als Sonderausgaben abgezogen werden können (§ 10b Abs. 2 Satz 2).

Fall 15:

1. Die Steuerermäßigung nach § 34g beträgt 50 % von höchstens 1.650 EUR = **825 EUR**.

2. Nur Berechnungsmethode 1 möglich:

Zuwendungen i.S.d. § 10b **Abs. 1** EStG n.F. **3.150 €** (1.750 € + 1.400 €)
maximal abzugsfähig:
20 % von 30.000 € = 6.000 €
höchstens Zuwendungen　　　　　　　　　　　　　　　　　　　　　　3.150 EUR

Zuwendungen i.S.d. § 10b **Abs. 2** EStG
Zuwendung an eine **politische Partei**　　　　　　2.500 €
abzüglich Zuwendung für Steuerermäßigung
nach § 34g EStG, höchstens　　　　　　　　　　　– 1.650 €
abzugsfähige Zuwendungen　　　　　　　　　　　　850 €　　　　850 EUR

abzugsfähige Zuwendungen nach § 10b Abs. 1 + 2　　　　　　**4.000 EUR**

Fall 16:

1. Die Steuerermäßigung nach § 34g beträgt 50 % von höchstens 1.650 EUR = **825 EUR**.

2. Berechnungsmethode 1:

Nach § 10b **Abs. 1** Satz 1 EStG n.F. i.V.m. § 52 Abs. 2 **Nr. 1, 2, 5 und 22** AO n.F. werden die abzugsfähigen Zuwendungen wie folgt berechnet:

Zuwendungen i.S.d. § 10b **Abs. 1** Satz 1 EStG	**3.250 €**	
(400 € + 250 € + 1.500 € + 1.100 €)		
maximal abzugsfähig:		
20 % von 40.000 € = 8.000 €,		
höchstens Zuwendungen		3.250 EUR

Nach § 10b **Abs. 2** EStG werden abzugsfähige Zuwendungen wie folgt berechnet:

Zuwendung an eine **politische Partei**	2.000 €	
abzüglich Zuwendung für Steuerermäßigung nach § 34g EStG, höchstens	− 1.650 €	
abzugsfähige Zuwendungen	350 €	350 EUR
abzugsfähige Zuwendungen nach § 10b Abs. 1 + 2		**3.600 EUR**

Fall 17:

1. Die Steuerermäßigung nach § 34g beträgt 50 % von höchstens 1.600 EUR = **800 EUR**.

2. Berechnungsmethode 1:

Nach § 10b **Abs. 1** Satz 1 EStG n.F. i.V.m. § 52 Abs. 2 **Nr. 4 und 14** AO n.F. werden die abzugsfähigen Zuwendungen wie folgt berechnet:

Zuwendungen i.S.d. § 10b **Abs. 1** Satz 1 EStG	**3.400 €**	
(2.500 € + 900 €)		
maximal abzugsfähig:		
20 % von 50.000 € = 10.000 €,		
höchstens Zuwendungen		3.400 EUR

Nach § 10b **Abs. 2** EStG werden abzugsfähige Zuwendungen wie folgt berechnet:

Zuwendung an eine **politische Partei**	1.600 €	
abzüglich Zuwendung für Steuerermäßigung nach § 34g EStG	− 1.600 €	
abzugsfähige Zuwendungen	0 €	0 EUR
abzugsfähige Zuwendungen nach § 10b Abs. 1 + 2		**3.400 EUR**

Berechnungsmethode 2:

4 v.T. von 1.000.000 € = 4.000 €,	
höchstens Zuwendungen	**3.400 EUR**

Nach der Berechnungsmethode 2 können ebenfalls 3.400 € abgezogen werden.

Fall 18:

1. Die Steuerermäßigung nach § 34g beträgt 50 % von höchstens 3.300 EUR = **1.650 EUR**.

2. Nur Berechnungsmethode 1 möglich:

Nach § 10b **Abs. 1** Satz 1 EStG n.F. i.V.m. § 52 Abs. 2 **Nr. 1** AO n.F. werden die abzugsfähigen Zuwendungen wie folgt berechnet:

Zuwendungen i.S.d. § 10b **Abs. 1** Satz 1 EStG	3.250 €	
maximal abzugsfähig:		
20 % von 50.000 € = 10.000 €,		
höchstens Zuwendungen		3.250 EUR

Nach § 10b **Abs. 2** EStG werden abzugsfähige Zuwendungen wie folgt berechnet:

Zuwendung an eine **politische Partei**	3.500 €	
abzüglich Zuwendung für Steuerermäßigung nach § 34g EStG, höchstens	− 3.300 €	
abzugsfähige Zuwendungen	200 €	200 EUR
abzugsfähige Zuwendungen nach § 10b Abs. 1 + 2		**3.450 EUR**

Fall 19:

Zeile	Altersvorsorgeaufwendungen i.S.d. § 10 Abs. 1 Nr. 2	EUR	EUR
1	Arbeitnehmeranteil zur allgemeinen RV	3.000	
2	steuerfreier Arbeitgeberanteil zur allgemeinen RV	3.000	
3	Beiträge zu landwirtschaftlichen Alterskassen	0	
4	Beiträge zu berufsständischen Versorgungseinrichtungen	0	
5	Beiträge zur kapitalgedeckten Altersversorgung	2.000	
6	zu berücksichtigende Altersvorsorgeaufwendungen	8.000	
7	Höchstbetrag	20.000	
8	der niedrigere Betrag der Zeile 6 oder der Zeile 7 ist anzusetzen	8.000	
9	in 2007 sind **64 %** des niedrigeren Betrages anzusetzen (64 % von 8.000 €)		5.120
10	abzüglich steuerfreier Arbeitgeberanteil nach § 3 Nr. 62		− 3.000
11	**abzugsfähige Sonderausgaben nach § 10 Abs. 3 EStG**		**2.120**

Fall 20:

Zeile	Altersvorsorgeaufwendungen i.S.d. § 10 Abs. 1 Nr. 2	EUR	EUR
1	Arbeitnehmeranteil zur allgemeinen RV	6.084	
2	steuerfreier Arbeitgeberanteil zur allgemeinen RV	6.084	
3	Beiträge zu landwirtschaftlichen Alterskassen	0	
4	Beiträge zu berufsständischen Versorgungseinrichtungen	0	
5	Beiträge zur kapitalgedeckten Altersversorgung	4.200	
6	zu berücksichtigende Altersvorsorgeaufwendungen	16.368	
7	Höchstbetrag	40.000	
8	der niedrigere Betrag der Zeile 6 oder der Zeile 7 ist anzusetzen	16.368	
9	in 2007 sind **64 %** des niedrigeren Betrages anzusetzen (64 % von 16.368 €)		10.476
10	abzüglich steuerfreier Arbeitgeberanteil nach § 3 Nr. 62		− 6.084
11	**abzugsfähige Sonderausgaben nach § 10 Abs. 3 EStG**		**4.392**

Fall 21:

Zeile	Altersvorsorgeaufwendungen i.S.d. § 10 Abs. 1 Nr. 2	EUR	EUR
1	Arbeitnehmeranteil zur allgemeinen RV	0	
2	steuerfreier Arbeitgeberanteil zur allgemeinen RV	0	
3	Beiträge zu landwirtschaftlichen Alterskassen	0	
4	Beiträge zu berufsständischen Versorgungseinrichtungen	24.000	
5	Beiträge zur kapitalgedeckten Altersversorgung	12.000	
6	zu berücksichtigende Altersvorsorgeaufwendungen	36.000	
7	Höchstbetrag	40.000	
8	der niedrigere Betrag der Zeile 6 oder der Zeile 7 ist anzusetzen	36.000	
9	in 2007 sind **64 %** des niedrigeren Betrages anzusetzen (64 % von 36.000 €)		23.040
10	abzüglich steuerfreier Arbeitgeberanteil nach § 3 Nr. 62		− 0
11	**abzugsfähige Sonderausgaben nach § 10 Abs. 3 EStG**		**23.040**

Fall 22:

Zeile	Altersvorsorgeaufwendungen i.S.d. § 10 Abs. 1 Nr. 2	EUR	EUR
1	Beiträge zu privaten kapitalgedeckten Leibrentenversicherungen	2.000	
2	zu berücksichtigende Altersvorsorgeaufwendungen	2.000	
3	Höchstbetrag	20.000	
4	abzüglich fiktivem Gesamtrentenversicherungsbeitrag (19,9 % vom Bruttoarbeitslohn, höchstens Jahresbeitragsbemessungsgrenze in der allgemeinen RV (19,9 % von 30.151 €)	− 6.000	
5	gekürzter Höchstbetrag	14.000	
6	der niedrigere Betrag der Zeile 2 oder der Zeile 5 ist anzusetzen	2.000	
7	in 2007 sind **64 %** des niedrigeren Betrages anzusetzen (64 % von 2.000 €)		1.280
8	**abzugsfähige Sonderausgaben nach § 10 Abs. 3 EStG**		**1.280**

Fall 23:

Zeile	Altersvorsorgeaufwendungen i.S.d. § 10 Abs. 1 Nr. 2	EUR	EUR
1	Beiträge zu privaten kapitalgedeckten Leibrentenversicherungen	6.000	
2	zu berücksichtigende Altersvorsorgeaufwendungen	6.000	
3	Höchstbetrag	40.000	
4	abzüglich fiktivem Gesamtrentenversicherungsbeitrag (19,9 % vom Bruttoarbeitslohn, höchstens Jahresbeitragsbemessungsgrenze in der gesetzlichen RV (19,9 % von 61.734 €)	– 12.285	
5	gekürzter Höchstbetrag	27.715	
6	der niedrigere Betrag der Zeile 2 oder der Zeile 5 ist anzusetzen	6.000	
7	in 2007 sind **64 %** des niedrigen Betrages anzusetzen (64 % von 6.000 €)		3.840
8	**abzugsfähige Sonderausgaben nach § 10 Abs. 3 EStG**		**3.840**

Fall 24:

Versicherungsbeiträge	Sonderausgaben
1. Beiträge zur gesetzlichen Krankenversicherung	Ja, § 10 Abs. 1 Nr. 3a EStG
2. Beiträge zur freiwilligen Krankenversicherung	Ja, § 10 Abs. 1 Nr. 3a EStG
3. Beiträge zur gesetzlichen Pflegeversicherung	Ja, § 10 Abs. 1 Nr. 3a EStG
4. Beiträge zur Hundehaftpflichtversicherung	Ja, § 10 Abs. 1 Nr. 3a EStG
5. Beiträge zur Kfz-Haftpflichtversicherung	Ja, § 10 Abs. 1 Nr. 3a EStG
6. Beiträge zur Krankenhaustagegeldversicherung	Ja, § 10 Abs. 1 Nr. 3a EStG
7. Beiträge zur Kfz-Kaskoversicherung	Nein, H 10.5 (Kaskovers.) EStH
8. Beiträge zur Rechtsschutzversicherung	Nein, H 10.5 (Rechtsschutzv.) EStH
9. Beiträge zur Krankentagegeldversicherung	Ja, H 10.5 (Krankentagegeldv.) EStH
10. Beiträge zur Hausratsicherung	Nein, H 10.5 (Hausratvers.) EStH
11. Beiträge gegen außerbetriebliche Unfälle	Ja, § 10 Abs. 1 Nr. 3a EStG

Fall 25:

In 2007 kann Fritz Barden folgende Versicherungsbeiträge als sonstige Vorsorgeaufwendungen (§ 10 Abs. 1 Nr. 3) berücksichtigen:

Beiträge zur Krankenversicherung	1.285 Euro
Beiträge zur Pflegeversicherung	182 Euro
Beiträge zur Arbeitslosenversicherung	536 Euro
Beiträge zur privaten Haftpflichtversicherung	45 Euro
Beiträge zur Kfz-Haftpflichtversicherung	450 Euro
Beiträge zur Kfz-Kaskoversicherung (nicht berücksichtigungsfähig)	0 Euro
Beiträge zur Kapitallebensversicherung (88 % von 1.200 €)	1.056 Euro
Beiträge zur Hausratversicherung (nicht berücksichtigungsfähig)	0 Euro
	3.554 Euro

Da der Steuerpflichtige die Aufwendungen für die Krankenversicherung und Krankheitskosten **nicht** vollständig aus eigenen (versteuerten) Einnahmen trägt, beträgt der abzugsfähige Höchstbetrag nach § 10 Abs. 4 **Satz 2** EStG lediglich **1.500 Euro**.

Fall 26:

In 2007 können die Eheleute Beckmann folgende Versicherungsbeiträge als sonstige Vorsorgeaufwendungen (§ 10 Abs. 1 Nr. 3) berücksichtigen:

Beiträge zur Krankenversicherung	2.570 Euro
Beiträge zur Pflegeversicherung	364 Euro
Beiträge zur Arbeitslosenversicherung	1.072 Euro
Beiträge zur Kapitallebensversicherung (88 % von 2.400 €)	2.112 Euro
Beiträge zur Kfz-Haftpflichtversicherung	480 Euro
Beiträge zur Kfz-Kaskoversicherung	0 Euro
Beiträge zur Hausratversicherung	0 Euro
	6.598 Euro

Die Steuerpflichtigen können einen **gemeinsamen Höchstbetrag** von **3.900 Euro** (EM: 2.400 € + EF: 1.500 €) als Sonderausgaben abziehen (§ 10 Abs. 4 S. 4).
Die Kfz-Kaskoversicherung und die Hausratversicherung sind als Sachversicherungen nicht berücksichtigungsfähig (H 10.5 EStH).

Fall 27:

Sonderausgaben-Pauschbetrag **72 EUR** (§ 10c Abs. 1 + Abs. 4 Satz 1)

Fall 28:

1. Teilbetrag nach § 10c Abs. 2 Nr. 1 EStG	
19,9 % von 32.000 € = 6.368 €, davon 50 % = 3.184 €, davon im VZ 2007 28 % =	892 EUR
2. Teilbetrag nach § 10c Abs. 2 Nr. 2 EStG	
11 % von 32.000 € = 3.520 €, höchstens	1.500 EUR
Vorsorgepauschale im VZ 2007 (§ 10c Abs. 2)	**2.392 EUR**

Fall 29:

11 % von 30.000 € = 3.300 €, höchstens   **1.500 EUR**

Fall 30:

1. Teilbetrag nach § 10c Abs. 2 Nr. 1 EStG	
A: 19,9 % von 30.151 € = 6.000 €, davon 50 % = 3.000 €, davon im VZ 2007 28 % =	840 EUR
B: 19,9 % von 19.598 € = 3.900 €, davon 50 % = 1.950 €, davon im VZ 2007 28 % =	546 EUR
2. Teilbetrag nach § 10c Abs. 2 Nr. 2 EStG	
A und B: 11 % von 49.749 € (30.151 € + 19.598 €) = 5.472,39 €, höchstens	3.000 EUR
Vorsorgepauschale im VZ 2007 (§ 10c Abs. 2 + 4)	**4.386 EUR**

Lehrbuch 278   56

Fall 31:

11 % von 56.400 € (30.000 € + 26.400 €) = 6.204 €, höchstens   **3.000 EUR**
(§ 10c Abs. 3 + 4)

Fall 32:

Zeile	Altersvorsorgeaufwendungen i.S.d. § 10 Abs. 1 Nr. 2	EUR	EUR
1	Beiträge zu berufsständischen Versorgungseinrichtung	15.000	
1	Beiträge zu privaten kapitalgedeckten Leibrentenversicherung	16.000	
2	zu berücksichtigende Altersvorsorgeaufwendungen	31.000	
3	Höchstbetrag	40.000	
4	abzüglich fiktivem Gesamtrentenversicherungsbeitrag (19,9 % von 40.201 €)	− 8.000	
5	gekürzter Höchstbetrag	32.000	
6	der niedrigere Betrag der Zeile 2 oder der Zeile 5 ist anzusetzen	31.000	
7	in 2007 sind **64 %** des niedrigeren Betrages anzusetzen (64 % von 31.000 €)		19.840
8	**abzugsfähige Sonderausgaben** im VZ 2007		**19.840**

Fall 33:

	EUR
Sonderausgaben 1 (SA 1)	
Sonderausgaben-Pauschbetrag (§ 10c Abs. 1)	36
Sonderausgaben 1 (SA 2)	
Altersvorsorgeaufwendungen i.S.d. § 10 Abs. 1 **Nr. 2**	
64 % von 3.600 € (Rürup-Beiträge)	2.304
sonstige Vorsorgeaufwendungen i.S.d. § 10 Abs. 1 **Nr. 3**	
Kranken- und Pflegeversicherungsbeiträge 1.800 € Haftpflichtversicherungsbeiträge 900 € insgesamt 2.700 €	
abzugsfähiger Höchstbetrag (§ 10 Abs. 4 Satz 1)	2.400
abzugsfähige Sonderausgaben insgesamt	**4.740**

Zusammenfassende Erfolgskontrolle

1. Persönliche Steuerpflicht und Veranlagungsart

Heinrich und Helga Kurz sind **unbeschränkt einkommensteuerpflichtig**, weil sie im **Inland** einen **Wohnsitz** haben (§ 1 **Abs. 1**).

Sie werden **zusammen veranlagt**, weil die Ehegatten unbeschränkt steuerpflichtig sind, nicht dauernd getrennt leben und beide die Zusammenveranlagung beantragt haben (§§ 26, 26b).

2. Ermittlung des Gesamtbetrags der Einkünfte

		EM EUR	EF EUR	Gesamt EUR
Einkünfte aus Gewerbebetrieb (§ 15)				
Ehemann:				
a) vorläufiger Gewinn	67.451 EUR			
b) + Zuwendungen	900 EUR			
c) + Geschenk (nicht abz. BA)	238 EUR			
endgültiger Gewinn	68.589 EUR	68.589		
Ehefrau:				
Gewinnanteil KG			6.310	74.899
Einkünfte aus nichtselbständiger Arbeit (§ 19)				
Bruttoarbeitslohn	15.310 EUR			
− Werbungskosten				
Fahrtkosten	1.350 EUR *)			
Kontoführungsgebühr	16 EUR			
Fachliteratur	220 EUR		13.724	13.724
Einkünfte aus Kapitalvermögen (§ 20)				
Bar-Dividende				
(1.578 : 78,9 x 100)	2.000 EUR			
− steuerfreier Betrag nach				
§ 3 Nr. 40d	1.000 EUR			
= steuerpflichtige Einnahme	1.000 EUR			
− WKP	− 102 EUR			
− SpFB 1.500 EUR, höchstens	− 898 EUR	0		0
Übertrag:		68.589	20.034	88.623

*) 180 x 25 km (45 km − 20 km) x 0,30 EUR = 1.350 EUR

	EM EUR	EF EUR	Gesamt EUR
Übertrag:	68.589	20.034	88.623

Einkünfte aus V + V (§ 21)

   E: 3 x 11 x 400 EUR =   13.200 EUR

   Die von Kurz bewohnte Wohnung
   unterliegt nicht der Einkommensteuer.

– Werbungskosten

   AfA: 2 % v. 205.500 € [(75 % v. 274.000 €) =
   4.110 EUR, davon 11/12] 3.768 EUR
   Reparaturen, GrSt   3.000 EUR
   Disagio   5.000 EUR
   Zinsen + Notariatskosten 10.000 EUR
                               21.768 EUR

   davon entfallen **3/4** auf
   die vermieteten Wohnungen   16.326 EUR

= **Verlust**	**3.126 EUR** – 3.126		– 3.126
= **Summe der Einkünfte**	65.463	20.034	85.497

– **Altersentlastungsbetrag** (§ 24a)

EM: 36,8 % von 65.463 EUR = 24.090 EUR, höchstens			1.748
= **Gesamtbetrag der Einkünfte**			**83.749**

3. Ermittlung der abzugsfähigen Sonderausgaben

– Sonderausgaben

   Sonderausgaben 1 (**SA1**)

   Zuwendungen zur Förderung der Religion (§ 10b Abs. 1 Satz 1
   EStG n.F. i.V.m. § 52 Abs. 2 **Nr. 2** AO n.F.)

20 % von 83.749 € = 16.750 €, höchstens Aufwendungen	900
Übertrag: Sonderausgaben	900

Übertrag: Sonderausgaben — Gesamt EUR: 900

Sonderausgaben 2 (**SA 2**)

Altersvorsorgeaufwendungen i.S.d. § 10 Abs. 1 **Nr. 2**

Zeile		EUR	EUR
1	Arbeitnehmeranteil zur gesetzlichen RV	1.493	
2	steuerfreier Arbeitgeberanteil zur gesetzlichen RV	1.493	
3	Beiträge zu landwirtschaftlichen Alterskassen	0	
4	Beiträge zu berufsständischen Versorgungseinrichtungen	0	
5	Beiträge zur kapitalgedeckten Altersversorgung	3.000	
6	zu berücksichtigende Altersvorsorgeaufwendungen	5.986	
7	Höchstbetrag (20.000 €/40.000 €)	40.000	
8	der niedrigere Betrag der Zeile 6 oder der Zeile 7 ist anzusetzen	5.986	
9	in 2007 sind **64 %** des niedrigeren Betrages anzusetzen (64 % von 5.986 €)		3.831
10	abzüglich steuerfreier Arbeitgeberanteil nach § 3 Nr. 62		– 1.493
11	**abzugfähige Sonderausgaben nach § 10 Abs. 3 EStG**		2.338

Gesamt: 2.338

sonstige Vorsorgeaufwendungen i.S.d. § 10 Abs. 1 **Nr. 3**

	EUR
Kranken- und Pflegeversicherungsbeiträge	3.216
Sozialversicherung (3.216 € – 1.493 €)	1.723
Kfz-Haftpflicht- und Kfz-Unfallversicherung	250
Kfz-Kaskoversicherung (nicht berücksichtigungsfähig)	0
	5.189

Da lediglich Heinrich Kurz Aufwendungen für seine Krankenversicherung und Krankheitskosten vollständig aus eigenen Einnahmen trägt, kann der abzugsfähige Höchstbetrag nach § 10 Abs. 4 **Satz 1** nur für ihn angesetzt werden 2.400 €

Für Helga Kurz beträgt der Höchstbetrag nach § 10 Abs. 4 **Satz 2** 1.500 €

Gesamt: 3.900

Die **abzugsfähigen Sonderausgaben** betragen insgesamt **7.138**

14.3 Außergewöhnliche Belastungen

Fall 1:

außergewöhnliche Belastung	3.000 EUR
− zumutbare Belastung (6 % von 40.000 €/§ 33 Abs. 3)	− 2.400 EUR
= abziehbare außergewöhnliche Belastung (§ 33 Abs. 1)	**600 EUR**

Fall 2:

außergewöhnliche Belastung	4.000,00 EUR
− zumutbare Belastung (§ 33 Abs. 3) 5 % von 14.252 € [16.000 € − 1.748 € AEB (§ 24a)]	− 712,60 EUR
= abziehbare außergewöhnliche Belastung (§ 33 Abs. 1)	**3.287,40 EUR**

Fall 3:

außergewöhnliche Belastung	3.000 EUR
− zumutbare Belastung (3 % von 40.000 €/§ 33 Abs. 3)	− 1.200 EUR
= abziehbare außergewöhnliche Belastung (§ 33 Abs. 1)	**1.800 EUR**

Fall 4:

	EUR	EUR	EUR
Ungekürzter **Höchstbetrag** (§ 33a Abs. 1 S. 1)			**7.680**
a) Ermittlung der Einkünfte des Großvaters			
Einkünfte aus nichtselbständiger Arbeit (§ 19 Abs. 2)			
Versorgungsbezüge (Jahresbetrag)	1.920		
– Versorgungsfreibetrag (36,8 % v. 1.920 EUR)	– 707		
– Zuschlag zum Versorgungsfreibetrag	– 828		
– Arbeitnehmer-Pauschbetrag (§ 9a Nr. 1b)	– 102	283	
Sonstige Einkünfte im Sinne des § 22 Nr. 1			
Rente 2.400 EUR			
davon Besteuerungsanteil (54 % von 2.400 €)	1.296		
– WKP (§ 9a Nr. 3)	– 102	1.194	
= Einkünfte des Großvaters		1.477	
b) Ermittlung der Bezüge des Großvaters			
Rentenfreibetrag (2.400 € – 1.296 €) = (46 %)	1.104		
+ Zuschuss zur KV	173		
+ Wohngeld	764		
+ Versorgungsfreibetrag	707		
+ Zuschlag zum Versorgungsfreibetrag	828		
	3.576		
– Kostenpauschale (R 32.10 Abs. 3 EStR)	– 180		
= Bezüge des Großvaters		3.396	
Summe der Einkünfte und Bezüge des Großvaters		4.873	
c) Ermittlung der abziehbaren agB			
Die Einkünfte und Bezüge des Großvaters von		4.873	
übersteigen den Karenzbetrag von		– 624	
um (= anrechenbare Einkünfte und Bezüge)		4.249	
Die anrechenbaren Einkünfte und Bezüge sind vom Höchstbetrag abzuziehen			– 4.249
= gekürzter Höchstbetrag (§ 33a Abs. 1 S. 4)			3.431
Die tatsächlichen Aufwendungen von 6.000 € liegen über dem gekürzten Höchstbetrag von 3.431 €, so dass als agB der Betrag von abgezogen werden kann.			**3.431**
Hinweis: Alle Zahlen werden in vollen Euro-Beträgen angegeben.			

Fall 5:

	EUR	EUR	EUR
Ungekürzter **Höchstbetrag** für das Kalenderjahr **anteiliger Höchstbetrag** (8/12 von 7.680 EUR) (§ 33a Abs. 4 Satz 1)			7.680 5.120
a) eigene Einkünfte der Mutter			
sonstige Einkünfte i.S. des § 22 Nr. 1 Bruttorente (12 x 175 EUR) 2.100 EUR Einnahme: Besteuerungsanteil (54 % von 2.100 €) – WKP nach § 9a Nr. 3	1.134 – 102 1.032		
davon entfallen auf den Unterhaltszeitraum: 8/12 von 1.032 EUR = 688 EUR [R 33a.4 Abs. 2 Nr. 1/H 33a.4 (Allgemeines) EStH]		688	
b) eigene Bezüge der Mutter			
Rentenfreibetrag (2.100 EUR – 1.134 EUR) (46 %) – Kostenpauschale (R 32.10 Abs. 3 EStR) verbleibende Bezüge	966 – 180 786		
davon entfallen auf den Unterhaltszeitraum: 8/12 von 786 EUR = 524 EUR [R 33a.4 Abs. 2 Nr. 1 EStR/H 33a.4 (Allgemeines) EStH]		524	
Summe der eigenen Einkünfte und Bezüge		1.212	
c) Ermittlung der abziehbaren agB			
Die eigenen Einkünfte und Bezüge der Mutter im Unterhaltszeitraum von		1.212	
übersteigen den anrechnungsfreien Betrag (Karenzbetrag) von (8/12 von 624 EUR)		416	
um (= anzurechnende Einkünfte und Bezüge)		796	
Die anzurechnenden Einkünfte und Bezüge sind von dem anteiligen Höchstbetrag abzuziehen.			– 796
= gekürzter Höchstbetrag			4.324
Die tatsächlichen Aufwendungen von 4.400 € (8 x 550 €) liegen über dem gekürzten Höchstbetrag von 4.324 €, so dass als agB der Betrag von abgezogen werden kann (§ 33a Abs. 1 S. 1 bis 4 und Abs. 4 EStG).			**4.324**

Fall 6:

	EUR	EUR	EUR
Ungekürzter **Höchstbetrag**			7.680
a) Ermittlung der Einkünfte des Vaters			
Einkünfte aus nichtselbständiger Arbeit (§ 19 Abs. 2)			
Versorgungsbezüge (Jahresbetrag)	2.520		
− Versorgungsfreibetrag (40 % von 2.520 €)	− 1.008		
− Zuschlag zum Versorgungsfreibetrag	− 900		
− WKP (§ 9a Satz 1 Nr. 1a)	− 102	510	
Sonstige Einkünfte im Sinne des § 22 Nr. 1			
Brutto-Rente 1.440 €			
davon Besteuerungsanteil 50 % von 1.440 €	720		
− WKP (§ 9a Satz 1 Nr. 3)	− 102	618	
Einkünfte des Vaters		1.128	
b) Ermittlung der Bezüge des Vaters			
Rentenfreibetrag (1.440 EUR − 720 EUR)	720		
+ Wohngeld	600		
+ Versorgungsfreibetrag + Zuschlag (§ 19 Abs. 2)	1.908		
	3.228		
− Kostenpauschale (R 32.10 Abs. 3 EStR)	− 180		
Bezüge des Vaters		3.048	
Summe der Einkünfte und Bezüge des Vaters		4.176	
c) Ermittlung der abziehbaren agB			
Die Einkünfte und Bezüge des Vaters von		4.176	
übersteigen den Karenzbetrag von		624	
um (= anrechenbare Einkünfte und Bezüge)		3.552	
Die anrechenbaren Einkünfte und Bezüge sind vom Höchstbetrag abzuziehen			− 3.552
gekürzter Höchstbetrag (§ 33a Abs. 1 S. 4)			4.128
Die tatsächlichen Aufwendungen von 5.400 € liegen über dem gekürzten Höchstbetrag von 4.128 €, so dass als agB abgezogen werden können:			
Uwe Neis 1/3 von 4.128 EUR (§ 33a Abs. 1 S. 6) =			**1.376 EUR**
Kurt Neis 2/3 von 4.128 EUR (§ 33a Abs. 1 S. 6) =			**2.752 EUR**

Fall 7:

Der Steuerpflichtige kann für den VZ 2007 **keinen** Freibetrag (Ausbildungsfreibetrag) nach § 33a Abs. 2 EStG vom Gesamtbetrag der Einkünfte abziehen, weil die Voraussetzungen des § 33a Abs. 2 EStG **nicht** erfüllt sind. Die Tochter hat noch **nicht** das **18. Lebensjahr** vollendet und ist **nicht auswärtig** untergebracht.

Fall 8:

Der Steuerpflichtige kann für den VZ 2007 **einen** Freibetrag (Ausbildungsfreibetrag) nach § 33a Abs. 2 EStG in Höhe von **924 EUR** vom Gesamtbetrag der Einkünfte abziehen, weil alle Voraussetzungen des § 33a Abs. 2 Satz 1 EStG erfüllt sind.

Fall 9:

	EUR	EUR	EUR
Freibetrag (Ausbildungsfreibetrag) nach § 33a **Abs. 2** EStG für das Kalenderjahr			924
a) Ermittlung der Einkünfte des Kindes			
Arbeitslohn (§ 19 Abs. 1)	3.320		
− Arbeitnehmer-Pauschbetrag (§ 9a Nr. 1a)	− 920		
= Einkünfte aus nichtselbständiger Arbeit		2.400	
abzüglich **anrechnungsfreier Betrag** (§ 33a Abs. 2 S. 2)		− 1.848	
= anzurechnende Einkünfte		552	
b) Ermittlung der Bezüge des Kindes			
Ausbildungszuschuss	500		
− Kostenpauschale (R 32.10 Abs. 3 EStR)	− 180		
= anzurechnende Bezüge		320	
Summe der anzurechnenden Einkünfte und Bezüge		872	
c) Ermittlung der abziehbaren agB			
Die **anzurechnenden Einkünfte und Bezüge** sind vom Freibetrag nach § 33a Abs. 2 abzuziehen			− 872
= **abziehbarer Freibetrag** (Ausbildungsfreibetrag) nach § 33a **Abs. 2**			**52**

Fall 10:

Der abziehbare Ausbildungsfreibetrag nach § 33a Abs. 2 für den VZ 2007 wird wie folgt berechnet:

$\qquad$ 7/12 von 924 EUR = **539 EUR**

Da Martina erst mit Ablauf des 15.06.2007 das 18. Lebensjahr vollendet hat, ist der Freibetrag von 924 EUR um 5/12 zu kürzen (§ 33a Abs. 4 EStG).

Lehrbuch 304

Fall 11:

	EUR	EUR	EUR
Freibetrag (Ausbildungsfreibetrag) nach § 33a **Abs. 2** für das Kalenderjahr			924
anteiliger Freibetrag für Januar bis Oktober (10/12 von 924 EUR)			770
a) Ermittlung der Einkünfte des Kindes			
Arbeitslohn in den Ausbildungsmonaten	1.450		
– ANP nach § 9a Nr. 1a (10/12 von 920 EUR)	– 767		
= Einkünfte aus nichtselbständiger Arbeit in den Ausbildungsmonaten		683	
abzüglich **anrechnungsfreier Betrag** 10 /12 von 1.848 EUR =		–1.540	
= anzurechnende Einkünfte		0	
b) Ermittlung der Bezüge des Kindes			
Ausbildungszuschuss des Kindes für Januar bis Oktober	500		
– Kostenpauschale	– 180 *)		
= anzurechnende Bezüge		320	
Summe der anzurechnenden Einkünfte und Bezüge		320	
c) Ermittlung der abziehbaren agB			
Die **anzurechnenden Einkünfte und Bezüge** sind vom anteiligen Freibetrag nach § 33a Abs. 2 abzuziehen			– 320
= **abziehbarer Freibetrag** (Ausbildungsfreibetrag) nach § 33a **Abs. 2**			450

Hinweis: Alle Zahlen werden in vollen Euro-Beträgen angegeben.

---

*) Vgl. H 33a.4 (Allgemeines, Beispiel C) EStH

Fall 12:

Julia

Für Julia erhält Herr Dautzenberg **einen** Freibetrag (Ausbildungsfreibetrag) nach § 33a **Abs. 2** EStG in Höhe von **924 EUR** (Sonderbedarf).

Außerdem wird für Julia ein Kinderfreibetrag von **1.824 Euro** und ein Freibetrag (Betreuungsfreibetrag) von **1.080 Euro** für den Betreuungs-, Erziehungs- oder Ausbildungsbedarf des Kindes nach § 32 **Abs. 6** EStG gewährt.

Hinweis: Herr Dautzenberg kann für die schulische Ausbildung seiner Tochter Julia den Sonderausgabenabzug gem. § 10 Abs. 1 Nr. 9 in Anspruch nehmen (30 % v. 600 € = 180 € x 12 Monate = 2.160 €).

Martin

Herr Dautzenberg erhält **keinen** Freibetrag (Ausbildungsfreibetrag) nach § 33a **Abs. 2**, da **Martin** nach § 32 Abs. 4 Satz 2 EStG **kein zu berücksichtigendes Kind** ist [Martins Einkünfte aus § 19 übersteigen 7.680 EUR (8.750 EUR – 920 EUR ANP = 7.830 EUR)].

Allerdings sind nun die Voraussetzungen des § 33a Abs. 1 EStG erfüllt, weil der Steuerpflichtige für Martin weder Kindergeld bekommt noch einen Anspruch auf einen Freibetrag nach § 32 Abs. 6 EStG geltend machen kann (§ 33a Abs. 1 Satz 3 EStG).

Dautzenberg kann folgenden Betrag nach § 33a Abs. 1 EStG als außergewöhnliche Belastung absetzen:

	EUR	EUR	EUR
ungekürzter Höchstbetrag (§ 33a Abs. 1 S. 1)			7.680
Ermittlung der Einkünfte des Sohnes			
Arbeitslohn (§ 8 Abs. 1)	8.750		
– Arbeitnehmer-Pauschbetrag (§ 9a Nr. 1a)	– 920		
= Einkünfte (§ 19 Abs. 1)		7.830	
übersteigen anrechnungsfreien Betrag von		624	
= um (anzurechnende Einkünfte)		7.206	
die anzurechnenden Einkünfte sind vom Höchstbetrag abzuziehen (§ 33a Abs. 1 Satz 1 EStG)			– 7.206
= **abziehbare außergewöhnliche Belastung**			**474**

Fall 13:

Der abziehbare Freibetrag (Ausbildungsfreibetrag) nach § 33a **Abs. 2** beträgt **924 EUR**.
Hongkong gehört zur Ländergruppe I (BMF-Schreiben v. 09.02.2005, BStBl I 2005 S. 369).

Fall 14:

Frau Krause vollendet am 20.09.2007 ihr 60. Lebensjahr. Da die Voraussetzungen für die Geltendmachung einer agB nach § 33a Abs. 3 Satz 1 Nr. 1 Buchstabe a im VZ 2007 nur vier Monate vorgelegen haben, kann sie für die **Hilfe im Haushalt 208 EUR** (624 € x 4/12) abziehen (§ 33a Abs. 4 EStG).

Fall 15:

Frau Fuchs kann für 2007 folgende agB nach § 33a Abs. 3 abziehen:

a) für die Beschäftigung einer **Hilfe im Haushalt**
   nach § 33a Abs. **3 Satz 1** Nr. 1 Buchstabe a) i. V. m. Abs. 4 EStG
   7/12 von 624 EUR =   **364 EUR**

b) für die Unterbringung im **Heim**
   nach § 33a Abs. 3 **Satz 2** Nr. 1 i. V. m. Abs. 4 EStG
   5/12 von 624 EUR =   **. 260 EUR**
                                                                                   624 EUR

Fall 16:

	WK	SA	agB	KdL
1. Beiträge zur privaten Hausratversicherung				x
2. Unterstützung der vermögenslosen Mutter von Karl Fischer			x	
3. Beiträge zur privaten Rechtschutzversicherung				x
4. Aufwendungen für typische Berufskleidung	x			
5. Fachliteratur für einen ausgeübten Beruf	x			
6. Aufwendungen für das Erststudium		x		
7. Beiträge zur Hundehaftpflichtversicherung		x		
8. Beiträge zur Haftpflichtversicherung für das eigengenutzte Einfamilienhaus		x		
9. Beerdigungskosten für die vermögenslose Mutter von Karl Fischer			x	
10. Beiträge zur privaten Kfz-Vollkaskoversicherung				x
11. Steuerberatungskosten für die Erbschaftsteuererklärung der Eheleute Fischer				x

Fall 17:

Die **Behinderten-Pauschbeträge** betragen nach § 33b Abs. 3 EStG:
    für den Ehemann   570 EUR
    für die Ehefrau   430 EUR
                                              1.000 EUR

Fall 18:

agB nach § 33 EStG:

außergewöhnliche Belastung   2.000 EUR
− zumutbare Belastung (6 % von 25.000 EUR)   − 1.500 EUR
= abziehbare agB nach § 33   **500 EUR**

agB nach § 33b Abs. 6 EStG:

Der Steuerpflichtige kann ohne Nachweis der
Kosten den **Pflege-Pauschbetrag** von   **924 EUR**
geltend machen.

Da der **Pflege-Pauschbetrag** höher ist als die abziehbare agB nach § 33 EStG, wird er den **Pflege-Pauschbetrag** von **924 EUR** vom Gesamtbetrag der Einkünfte abziehen (§ 33b Abs. 6 Satz 1).

Fall 19:

			EUR
agB nach § 33 EStG			
außergewöhnliche Belastung		2.500 EUR	
− zumutbare Belastung Bemessungsgrundlage:			
Summe der Einkünfte	43.147 EUR		
− AEB (EM ab 2005)	1.900 EUR		
− AEB (EF ab 2006)			
38,5 % von 2.625 €	1.011 EUR		
Gesamtbetrag der Einkünfte	40.236 EUR		
3 % von 40.197 EUR		− 1.206 EUR	
= abziehbare außergewöhnliche Belastung			1.294
agB nach § 33a EStG			
Unterhaltsaufwendungen (§ 33a **Abs. 1**)			
a) Ermittlung der Einkünfte der Mutter			
Rente 2.400 EUR			
davon Besteuerungsanteil 50 %		1.200 EUR	
− Werbungskosten-Pauschbetrag		− 102 EUR	
= Einkünfte		1.098 EUR	
Übertrag:		1.098 EUR	1.294

Lehrbuch 307

	EUR
Übertrag:	1.294

b) Ermittlung der Bezüge der Mutter

Einnahmen: Rentenanteil, der über den nicht um die WK gekürzten Besteuerungsanteil hinausgeht

2.400 EUR – 1.200 EUR	1.200 EUR	
+ Zuschuss zur KV (14 € x 12)	168 EUR	
	1.368 EUR	
– Kostenpauschale	– 180 EUR	
= Bezüge	1.188 EUR	
Einkünfte und Bezüge (a + b)	2.286 EUR	

c) Ermittlung der agB

Die Einkünfte und Bezüge der Mutter	2.286 EUR	
übersteigen den Karenzbetrag von	624 EUR	
um	1.662 EUR	
Dieser Betrag ist vom ungekürzten Höchstbetrag von	7.680 EUR	
abzuziehen	– 1.662 EUR	
so dass abgezogen werden könnten	6.018 EUR	
höchstens jedoch die **tatsächlichen Aufwendungen**		2.400

Freibetrag (Ausbildungsfreibetrag) nach § 33a Abs. 2

Tochter Inge		924

Hilfe im Haushalt (§ 33a Abs. 3)

Aufwendungen 720 EUR (12 x 60 EUR)		720
Höchstbetrag 924 EUR, weil das Kind **hilflos** ist		

Behinderten-Pauschbeträge (§ 33b)

für den Steuerpflichtigen (§ 33b Abs. 1 - 3)	310 EUR	
für den blinden Sohn Peter (§ 33b Abs. 1 - 3, 5)	3.700 EUR	
Pflege-Pauschbetrag (§ 33b Abs. 6)	924 EUR	4.934

= **abziehbare außergewöhnliche Belastungen**	**10.272**

Zusammenfassende Erfolgskontrolle

		EM EUR	EF EUR
Einkünfte aus Gewerbebetrieb (§ 15)			
Handelsbilanzgewinn der KG für 2006/2007 (§ 4a Abs. 2 Nr. 2)	107.750 EUR		
davon 40 %	43.100 EUR		
+ Gehalt	30.000 EUR		
+ Zinsen	3.000 EUR	76.100	
Einkünfte aus nichtselbständiger Arbeit (§ 19)			
Bruttoarbeitslohn	14.820 EUR		
− ANP (§ 9a Satz 1 Nr. 1a)	− 920 EUR		13.900
Einkünfte aus Kapitalvermögen (§ 20)			
Bardividende (Zuflussprinzip gem. § 11) (394,50 € : 78,9 x 100)	500,00 EUR		
− steuerfreier Betrag nach § 3 Nr. 40d EStG	− 250,00 EUR		
= steuerpflichtige Dividenden	250,00 EUR		
+ Bausparzinsen	190,00 EUR		
= steuerpflichtige Einnahmen	440,00 EUR		
− WKP	− 102,00 EUR		
− Sparer-Freibetrag	− 338,00 EUR		0
Einkünfte aus V + V (§ 21)			
Einfamilienhaus ist ein begünstigtes Objekt i.S.d. EigZulG.			
Mietwohngrundstück			
Einnahmen	14.442 EUR		
− Werbungskosten	− 18.189 EUR		
Verlust	3.747 EUR		
davon 1/3	1.249 EUR	− **1.249**	
Übertrag:		74.851	13.900

	EM EUR	EF EUR
Übertrag:	74.851	13.900

sonstige Einkünfte i.S. des § 22

Brutto-Rente (800 € x 12)	9.600 EUR	
– Rentenfreibetrag (48 % von 9.600 €)	– 4.608 EUR	
= stpfl. Teil der Rente (52 %)	4.992 EUR	
– WKP	– 102 EUR	4.890

	EM EUR	EF EUR
= **Summe der Einkünfte**	79.741	13.900
		79.741
		93.641
– Altersentlastungsbetrag EM (§ 24a) (36,8 % von 74.851 EUR = 27.545 EUR, höchstens)		1.748
= **Gesamtbetrag der Einkünfte**		91.893

– Sonderausgaben 1 (§ 10b Abs. 1 EStG n.F.)

Zuwendungen **857 €** (607 € + 250 €)   857 EUR
(Der Höchstbetrag von
20 % von 91.893 € = 18.378,60 €
wird nicht überschritten.)
Die Spende an eine **pol. Partei**
kann **nicht** als SA berücksichtigt
werden, weil für sie eine
Steuerermäßigung nach **§ 34g**
gewährt wird.   0 EUR   857

– Sonderausgaben 2

Zeile	Altersvorsorgeaufwendungen i.S.d. § 10 Abs. 1 Nr. 2	EUR
1	Arbeitnehmeranteil zur gesetzlichen RV	1.452
2	steuerfreier Arbeitgeberanteil zur gesetzlichen RV	1.452
3	Beiträge zu landwirtschaftlichen Alterskassen	0
4	Beiträge zu berufsständischen Versorgungseinrichtungen	0
5	Beiträge zur kapitalgedeckten Altersversorgung	2.400
6	zu berücksichtigende Altersvorsorgeaufwendungen	5.304
7	Höchstbetrag (20.000 €/40.000 €)	40.000
8	64 % der zu berücksichtigenden Altersvorsorgeaufwendungen (64 % von 5.304 €)	3.395
9	der niedrigere Betrag der Zeile 7 oder der Zeile 8 ist anzusetzen	3.395
10	abzüglich steuerfreier Arbeitgeberanteil nach § 3 Nr. 62	– 1.452
11	**abzugsfähige Sonderausgaben nach § 10 Abs. 3 EStG**	1.943

Übertrag:	89.093

	EUR
Übertrag:	89.093

sonstige Vorsorgeaufwendungen i.S.d. § 10 Abs. 1 Nr. 3

	EUR
AN-Anteil am Gesamtsozialversicherungsbeitrag (EF)	2.973
Kranken- und Pflegeversicherungsbeiträge (EM)	3.000
private Haftpflichtversicherungsbeiträge	60
Kfz-Haftpflichtversicherungsbeiträge	480
Kfz-Kaskoversicherungsbeiträge (als Sachversicherung nicht berücksichtigungsfähig)	0
	6.513

	EUR
höchstens gemeinsamer Höchstbetrag (1.500 € + 2.400 €)	3.900

außergewöhnliche Belastungen

nach § 33a Abs. 1 EStG
Unterhaltsaufwendungen *)

a) Einkünfte des Vaters

Einkünfte aus nichtselbständiger Arbeit (§ 19)

Versorgungsbezüge (230 € x 12)		2.760 EUR
– Versorgungsfreibetrag (40 % v. 2.760)		– 1.104 EUR
– Zuschlag zum Versorgungsfreibetrag		– 900 EUR
– Arbeitnehmer-Pauschbetrag		– 102 EUR
		654 EUR

sonstige Einkünfte im Sinne des § 22

Rente (195 € x 12)	2.340 €	
Besteuerungsanteil: 50 % v. 2.340 € =	1.170 EUR	
– WKP	– 102 EUR	1.068 EUR
Einkünfte insgesamt		1.722 EUR

b) Bezüge des Vaters

Rentenfreibetrag (2.340 € – 1.170 €)	1.170 EUR	
+ Versorgungsfreibetrag + Zuschlag	+ 2.004 EUR	
– Kostenpauschale	– 180 EUR	2.994 EUR
Einkünfte und Bezüge		4.716 EUR
– Karenzbetrag		624 EUR
schädliche Einkünfte und Bezüge		4.092 EUR

c) abziehbare agB

Die schädlichen Einkünfte und Bezüge sind vom Höchstbetrag abzuziehen.

ungekürzter Höchstbetrag	7.680 EUR
schädliche Einkünfte und Bezüge	4.092 EUR
gekürzter Höchstbetrag	3.588 EUR

	EUR
abziehbare agB, höchstens Aufwendungen (260 EUR x 12)	3.120
Übertrag:	82.073

	EUR
Übertrag:	82.073

Freibeträge (Ausbildungsfreibetrag) **nach § 33a Abs. 2 EStG**

Sohn Stefan, 20 Jahre alt, befand sich vom 1.1. bis 30.06.2007 in Berufsausbildung und war auswärtig untergebracht (Köln).

Einkünfte des Sohnes im 1. Halbjahr 2007	1.000 EUR
Karenzbetrag für 1/2 Jahr	− 924 EUR
schädliche Einkünfte	76 EUR
Freibetrag für 1/2 Jahr	462 EUR
schädliche Einkünfte	− 76 EUR
abziehbare agB	386 EUR

Ergebnis: 386

Tochter **Andrea, 16 Jahre alt**, befand sich vom 1.1. bis 31.12.2007 in Berufsausbildung. Die Eltern erhalten für Andrea keinen Freibetrag nach § 33a Abs. 2, weil sie **nicht auswärtig untergebracht und nicht volljährig** war.

0

= Einkommen **81.687**

---

*) Das kleine **Einfamilienhaus** des Vaters bleibt bei der Feststellung seines **Vermögens außer Betracht**, weil es als ein angemessenes Hausgrundstück gilt (R 33a.1 Abs. 2 Nr. 2 EStR 2005 und H 33a.1 (Geringes Vermögen) EStH).

15 Zu versteuerndes Einkommen

15.1 Freibeträge für Kinder

15.1.1 Kinderfreibetrag

Fall 1:

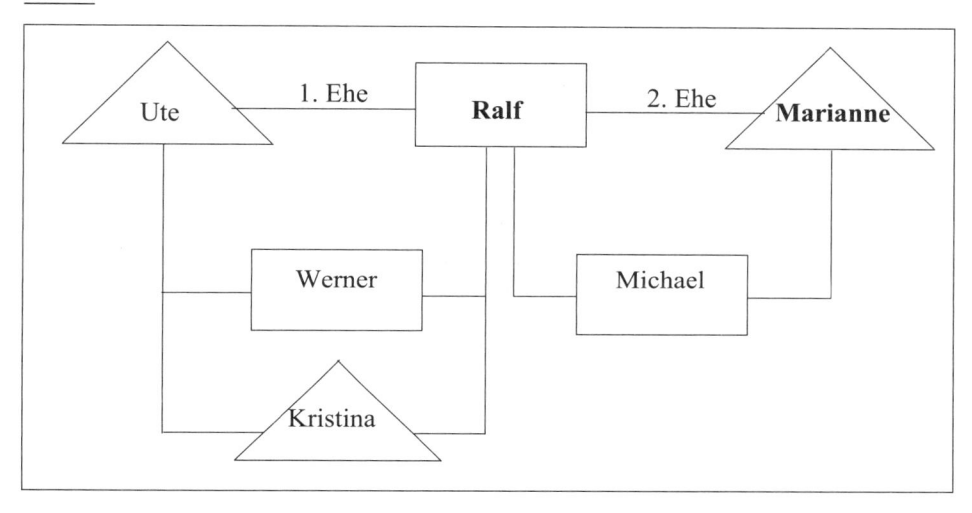

```
        1. Ehe              2. Ehe
  Ute ─────────── Ralf ─────────── Marianne
   │               │ │
   │               │ │
   └──── Werner ───┘ └──── Michael
         │
         │
       Kristina
```

Zu 1. Michael ist ein Kind, das mit **Ralf und Marianne** Wild im ersten Grad verwandt ist.

Werner ist ein Kind, das mit **Ralf Wild im ersten Grad verwandt** ist.
Mit Marianne Wild besteht **kein** steuerliches Kindschaftsverhältnis.

Kristina ist ein Kind, das mit **Ralf Wild im ersten Grad verwandt** ist.
Mit Marianne Wild besteht **kein** steuerliches Kindschaftsverhältnis.

Zu 2. Alle drei Kinder sind **zu berücksichtigende Kinder** (§ 32 **Abs. 3** und **Abs. 4**).

Fall 2:

Zu 1. Das Kind (§ 32 Abs. 1) ist 2007 für **neun Monate** (von Januar bis einschl. Sept. 2007) ein steuerlich **zu berücksichtigendes Kind**, weil es in dieser Zeit für einen Beruf ausgebildet wird + Übergangszeit (§ 32 Abs. 4 **Nr. 2a**).
Nach diesem Zeitraum wird Thomas in **2007 nicht** mehr berücksichtigt.

Zu 2. Wenn Thomas im Juli 2008 seine Ausbildung als Steuerfachangestellter beginnt, wird er von **Juli 2007 bis Dezember 2008** berücksichtigt, weil er sich dann wieder in der Berufsausbildung befindet (§ 32 Abs. 4 **Nr. 2a**).

Fall 3:

Das **Kind ist 2007** steuerlich **zu berücksichtigen**, weil die Einkünfte und Bezüge des Kindes, wie die folgende Berechnung zeigt, den Grenzbetrag **nicht** übersteigen.
Hinweis: Die Eurowerte sind teilweise gerundet.

	EUR	EUR	EUR
Grenzbetrag			**7.680**
gekürzter Grenzbetrag (September bis Dezember) 4/12 von 7.680 EUR =			**2.560**
Einkünfte des Kindes im Anspruchszeitraum			
Einkünfte aus nichtselbständiger Arbeit (§ 19)			
Bruttoarbeitslohn (400 € x 4 + Weihnachtsgeld)	2.000		
− Arbeitnehmer-Pauschbetrag	− 920		
= Einkünfte		1.080	
Einkünfte aus Kapitalvermögen (§ 20)			
Zinsen	1.630		
− WKP	− 51		
− Sparer-Freibetrag	− 750		
= Einkünfte	829		
Von den Einkünften aus Kapitalvermögen entfallen 4/12 auf den Anspruchszeitraum. 4/12 von 829 EUR =		276	
= Summe der Einkünfte		1.356	
Bezüge des Kindes im Anspruchszeitraum			
Sparer-Freibetrag	750		
− Kostenpauschale	− 180		
= Bezüge im Kalenderjahr	570		
= Bezüge im Anspruchszeitraum (4/12 v. 570)		190	
= Summe der Einkünfte und Bezüge des Kindes		1.546	
− **Arbeitnehmeranteil zur Sozialversicherung**		**− 443**	
= Bemessungsgrundlage für den Jahresgrenzbetrag		1.103	
Die Summe der Einkünfte und Bezüge übersteigt im Anspruchszeitraum mit den maßgebenden Grenzbetrag von 2.560 EUR **nicht**, so dass das Kind in 2007 zu **berücksichtigen** ist.			**1.103**

Fall 4:

Summe der Kinderfreibeträge: **9.120 EUR** (§ 32 Abs. 6 S. 1 – 4)

Erläuterung:
Kind in **Deutschland:** 3.648 €
Kinder in **Griechenland:** 2 x 2.736 € (**Ländergruppe 2, 3/4-Ansatz**).

Der Steuerpflichtige kann neben den o. g. Kinderfreibeträgen auch die entsprechenden **Betreuungsfreibeträge** in Anspruch nehmen.

Fall 5:

Eheleute Wild

	EM EUR	EF EUR
Michael	1.824	1.824
Werner	1.824	—
Kristina	1.824	—
	5.472	1.824

└──→ **7.296** ←──┘

Die Steuerpflichtigen können neben den o. g. Kinderfreibeträgen auch die entsprechenden **Betreuungsfreibeträge** in Anspruch nehmen.

Fall 6:

Walter und **Rainer** sind **zu berücksichtigende Kinder**. Der **Vater** erhält für **Walter** den **vollen** Kinderfreibetrag von 3.648 EUR (§ 32 Abs. 6 S. 1 - 3), weil die Mutter während des ganzen Jahres **nicht unbeschränkt** einkommensteuerpflichtig gewesen ist.

Die **Großeltern** erhalten für **Rainer** den **vollen** Kinderfreibetrag von 3.648 EUR, weil zwischen ihnen und Rainer ein **Pflegschaftsverhältnis** besteht (§ 32 Abs. 1 Nr. 2 und Abs. 2 sowie Abs. 6 S. 3 Nr. 2 EStG/R 32.2 Abs. 1 und Abs. 2 EStR).

Fall 7:

Frau Grimm und ihr geschiedener Mann erhalten, wenn Frau Grimm nichts unternimmt, **je** den **halben** Kinderfreibetrag von **1.824 EUR** (§ 32 Abs. 6 Satz 1).

Frau Grimm kann jedoch **beantragen**, den Kinderfreibetrag ihres geschiedenen Mannes auf sie zu **übertragen**. Die Übertragung ist **nicht** von der Zustimmung ihres geschiedenen Mannes abhängig (§ 32 Abs. 6 Satz 6).

15.1.3 Günstigerprüfung

Fall 8:

Die **Vergleichsrechnung** zwischen Kindergeld und der Summe der Freibeträge nach § 32 Abs. 6 EStG wird wie folgt durchgeführt:

	EUR	EUR
Einkommen	29.500	
= zu versteuerndes Einkommen	29.500	
darauf entfallende Einkommensteuer (Grundtab.)		5.654
Einkommen	29.500	
− Freibeträge nach § 32 Abs. 6		
Kinderfreibetrag	− 1.824	
Betreuungs-, Erziehungs- u. Ausbildungsfreibetrag	− 1.080	
= zu versteuerndes Einkommen (neu)	26.596	
darauf entfallende Einkommensteuer (Grundtab.)		4.750
= Differenzbetrag		904
− Kindergeld		− 924
= **negative Steuerermäßigung**		**− 20**

Im Rahmen der Veranlagung wird der **halbe** Kinderfreibetrag und der **halbe** Betreuungsfreibetrag **nicht** abgezogen, weil das Kindergeld um 20 EUR günstiger ist als die Freibeträge nach § 32 Abs. 6.

Fall 9:

Die **Vergleichsrechnung** zwischen Kindergeld und der Summe der Freibeträge nach § 32 Abs. 6 EStG wird wie folgt durchgeführt:

	EUR	EUR
Einkommen	80.000	
= zu versteuerndes Einkommen	80.000	
darauf entfallende Einkommensteuer (Splittingtab.)		18.466
Einkommen	80.000	
− Freibeträge nach § 32 Abs. 6		
Kinderfreibetrag	− 3.648	
Betreuungs-, Erziehungs- u. Ausbildungsfreibetrag	− 2.160	
= zu versteuerndes Einkommen (neu)	74.192	
darauf entfallende Einkommensteuer (Splittingtab.)		16.380
= Differenzbetrag		2.086
− Kindergeld		− 1.848
= **zusätzliche Steuerermäßigung**		**238**

Im Rahmen der Veranlagung werden die Freibeträge nach § 32 Abs. 6 EStG abgezogen und das Kindergeld in Höhe von 1.848 EUR der tariflichen Einkommensteuer hinzugerechnet.
Im Rahmen der Ermittlung des zu versteuernden Einkommens wird für den Sohn der Kinderfreibetrag und der Betreuungsfreibetrag abgezogen.

15.2 Härteausgleich nach § 46 Abs. 3 EStG, § 70 EStDV

Fall 10:

	EUR
Einkünfte aus nichtselbständiger Arbeit (§ 19)	
Einnahmen 11.528 EUR − Arbeitnehmer-Pauschbetrag − 920 EUR	10.608
Einkünfte aus Kapitalvermögen (§ 20)	**300**
= **Summe der Einkünfte = Gesamtbetrag der Einkünfte**	10.908
− Sonderausgaben (SA 1)	
Sonderausgaben-Pauschbetrag (§ 10c Abs. 1)	36
− Sonderausgaben (SA 2) **Vorsorgepauschale**	

1. Teilbetrag nach § 10c Abs. 2 Nr. 1 EStG
    19,9 % von 11.528 € =   2.294 €
    davon 50 % =   1.147 €
    davon in 2007: 28 % = 321 EUR	

2. Teilbetrag nach § 10c Abs. 2 Nr. 2 EStG
    11 % von 11.528 € =   1.268 €,
    höchstens 1.500 € 1.268 EUR	

Vorsorgepauschale insgesamt	1.589
= **Einkommen**	9.283
− Härteausgleich nach § 46 Abs. 3	**300**
= **zu versteuerndes Einkommen**	**8.983**

Hinweis: Die Eurobeträge sind teilweise gerundet

Fall 11:

	Ehemann EUR	Ehefrau EUR	Gesamt EUR
Einkünfte aus nichtselbständiger Arbeit (§ 19) Bruttoarbeitslohn 13.528 € – Arbeitnehmer-Pauschbetrag – 920 €	12.608		12.608
Einkünfte aus Kapitalvermögen (§ 20)	1.000		1.000
= Summe der Einkünfte			**13.608**
– Altersentlastungsbetrag (EM, § 24a) 36,8 % von 14.528 € (13.528 € + 1.000 €), höchstens Die EF erfüllt nicht die altersmäßigen Voraussetzungen und hat auch keine Einkünfte.			1.748
= Gesamtbetrag der Einkünfte			**11.860**
– SA 1 Sonderausgaben-Pauschbetrag (§ 10c Abs. 1)			72

– SA 2 **Vorsorgepauschale**
    1. Teilbetrag nach § 10c Abs. 2 Nr. 1 EStG
      19,9 % von 13.528 € =   2.692 €
      davon 50 % =   1.346 €
      davon in 2007: 28 % =   377 EUR
    2. Teilbetrag nach § 10c Abs. 2 Nr. 2 EStG
      11 % von 13.528 € =   1.488 €,
      höchstens   3.000 €   1.488 EUR
    Vorsorgepauschale insgesamt
			1.865

= Einkommen			**9.923**

– Härteausgleich nach § 70 EStDV
    1.000 € – 368 € (AEB) (36,8 % von 1.000 €) = 632 €
    820 € – 632 € =
			188

= zu versteuerndes Einkommen			**9.735**

Hinweis: Die Eurobeträge sind teilweise gerundet.

Zusammenfassende Erfolgskontrolle zum 1. bis 15. Kapitel

			EUR
Einkünfte aus nichtselbständiger Arbeit (§ 19)			
Arbeitslohn aus aktiver Tätigkeit (2.500 € x 10)	25.000 EUR		
Ruhegehalt (keine Versorgungsbezüge) (300 € x 2)	600 EUR		
	25.600 EUR		
− Arbeitnehmer-Pauschbetrag	− 920 EUR		24.680
Einkünfte aus Kapitalvermögen (§ 20)			
Bar-Dividende: 100 x 2,30 € =	230,00 EUR		
− steuerfreier Betrag nach § 3 Nr. 40d	115,00 EUR		
steuerpflichtige Einnahmen	115,00 EUR		
− WK (50 % von 450 €)	225,00 EUR		
− Sparer-Freibetrag	0,00 EUR		
	− 110,00 EUR		− 110
Einkünfte aus Vermietung und Verpachtung (§ 21)			
Einnahmen (750 € x 7)	5.250 EUR		
− Werbungskosten *)	− 14.569 EUR		− 9.319
sonstige Einkünfte im Sinne des § 22			
Leibrente (2 x 900 €) =	1.800 EUR		
Besteuerungsanteil: 54 % v. 1.800 € =	972 EUR		
− Werbungskosten-Pauschbetrag	− 102 EUR	870 EUR	
bestimmte Leistungen (> 256 €)	395 EUR		
− Werbungskosten	− 73 EUR	322 EUR	1.192
= Summe der Einkünfte = Gesamtbetrag der Einkünfte			16.443
− Sonderausgaben (SA 1)			
Kirchensteuer	317 EUR		
Mitgliedsbeiträge politische Parteien 750 EUR (§ 34g)	0 EUR		317
Übertrag:			16.126

Hinweis: Die Eurobeträge sind teilweise gerundet.

		EUR
Übertrag:		16.126

– Sonderausgaben (SA 2)

Zeile	Altersvorsorgeaufwendungen i.S.d. § 10 Abs. 1 Nr. 2	EUR
1	Arbeitnehmeranteil zur gesetzlichen RV	2.880
2	steuerfreier Arbeitgeberanteil zur gesetzlichen RV	2.880
3	Beiträge zu landwirtschaftlichen Alterskassen	0
4	Beiträge zu berufsständischen Versorgungseinrichtungen	0
5	Beiträge zur kapitalgedeckten Altersversorgung	682
6	zu berücksichtigende Altersvorsorgeaufwendungen	6.442
7	Höchstbetrag (20.000 €/40.000 €)	20.000
8	64 % der zu berücksichtigenden Altersvorsorgeaufwendungen (64 % von 6.442 €)	4.123
9	der niedrigere Betrag der Zeile 7 oder der Zeile 8 ist anzusetzen	4.123
10	abzüglich steuerfreier Arbeitgeberanteil nach § 3 Nr. 62	– 2.880
11	**abzugsfähige Sonderausgaben nach § 10 Abs. 3 EStG**	

			1.243

sonstige Vorsorgeaufwendungen
    AN-Anteil am Gesamtsozialversicherungsbeitrag   5.427 €
    höchstens

			1.500

– **außergewöhnliche Belastungen** (§ 33a Abs. 1)

	EUR	EUR	EUR
Ungekürzter **Höchstbetrag**			7.680
a) Einkünfte der Mutter			
§ 19			
Versorgungsbezüge (12 × 150 €)	1.800		
– Versorgungsfreibetrag	– 720		
– Zuschuss zum Versorgungsfr.	– 900		
– Arbeitnehmer-Pauschbetrag	– 102		
= Einkünfte aus nichtselbst. Arbeit		78	
§ 22			
Leibrente 2.750 €			
davon Besteuerungsanteil 50 %	1.375		
– Werbungskosten-Pauschbetrag	– 102		
= sonstige Einkünfte i.S. des § 22		1.273	
Einkünfte der Mutter		1.351	
b) Bezüge der Mutter			
Rentenfreibetrag (2.750 € – 1.375 €)	1.375		
+ Versorgungsfreibetrag + Zuschlag	1.620		
– Kostenpauschale	– 180		
= Bezüge der Mutter		2.815	
Summe der Einkünfte und Bezüge		4.166	
Übertrag:		4.166	7.680

				13.383

	EUR	EUR	EUR
Übertrag:	4.166	7.680	13.383

c) Ermittlung der abziehbaren agB

	EUR	EUR	EUR
Die Einkünfte und Bezüge der Mutter von	4.166		
übersteigen den Karenzbetrag von	624		
um (= anrechenbare Einkünfte und Bezüge)	3.542		
Die anrechenbaren Einkünfte und Bezüge sind vom ungekürzten Höchstbetrag abzuziehen		3.542	
= gekürzter Höchstbetrag		4.138	
Von dem Betrag von 4.138 EUR entfallen auf Kaufmann 1/3 von 4.138 EUR =			1.379
= **Einkommen** = **zu versteuerndes Einkommen**			**12.004**

*)

	Kaufpreis	+ ANK	=	AK
Grund und Boden	50.120 EUR	2.370 EUR	=	52.490 EUR
Gebäude	200.480 EUR	9.480 EUR	=	**209.960 EUR**
	250.600 EUR	11.850 EUR	=	262.450 EUR

Werbungskosten:

AfA: (2 % von 209.960 EUR für 9 Monate)	3.149 EUR
Schuldzinsen einschließlich Geldbeschaffungskosten (6.600 EUR + 1.160 EUR + 110 EUR)	7.870 EUR
Damnum	3.000 EUR
Sonstige Werbungskosten (400 EUR + 150 EUR)	550 EUR
insgesamt	**14.569 EUR**

16 Ermittlung der Einkommensteuerschuld

Fall 1:

Die tarifliche **Einkommensteuer** beträgt 2007 nach der Grundtabelle (§ 32a Abs.1 Nr. 4) **17.304 EUR** (60.044 € x 42 % = 25.218 € − 7.914 € = 17.304 €).

Fall 2:

Der **Grundtarif** (die **Grundtabelle**) ist anzuwenden.

Fall 3:

Die **tarifliche** Einkommensteuer beträgt 2007 nach der **Splittingtabelle** (§ 32a Abs. 1 Nr. 4 i.V.m. Abs. 5) **33.700 EUR** (117.928 EUR : 2 = 58.964 EUR x 42 % = 24.764 EUR − 7.914 EUR = 16.850 EUR x 2 = 33.700 EUR).

Die **festzusetzende** ESt beträgt 2007 **35.548 EUR** (33.700 EUR + 1.848 EUR).

Fall 4:

Zu 1.

Zeile		EUR
1	tatsächlich zu versteuerndes Einkommen	13.028
2	+ Arbeitslosengeld (§ 32b Abs. 1 Nr. 1 EStG)	5.976
3	= fiktives zu versteuerndes Einkommen	19.004
4	ESt nach der Grundtabelle für 19.004 € =	**2.580**
5	Ermittlung des **besonderen Steuersatzes** nach § 32b EStG 2.580 € x 100 = 258.000 € : 19.004 € = **13,5761 %**	
6	ESt unter Anwendung des **besonderen Steuersatzes** 13,5761 % von 13.028 € =	**1.769**

Zu 2.

Ohne den Progressionsvorbehalt hätte die **ESt** nach der Grundtabelle für 13.028 EUR = **1.058 EUR** betragen.

Fall 5:

	Einkünfte aus Gewerbetrieb (§ 15)	41.000 EUR
	Einkünfte aus Vermietung und Verpachtung (§ 21)	− **36.000 EUR**
	Summe der Einkünfte = Gesamtbetrag der Einkünfte	5.000 EUR
	− Sonderausgaben 7.500 EUR, höchstens	− 5.000 EUR
	zu versteuerndes Einkommen	0 EUR
	tarifliche ESt lt. Grundtabelle	0 EUR

Die **Steuerermäßigung** beträgt **0 EUR**, weil die tarifliche ESt 0 EUR beträgt.

Fall 6:

	Einkünfte aus Gewerbetrieb (§ 15)	**20.000 EUR**
	Einkünfte aus nichtselbständiger Arbeit (§ 19)	45.004 EUR
	Summe der Einkünfte = Gesamtbetrag der Einkünfte	25.004 EUR
	− Sonderausgaben	− 6.000 EUR
	zu versteuerndes Einkommen	19.004 EUR
	tarifliche ESt lt. Grundtabelle	2.580 EUR
	festzusetzende ESt	2.580 EUR

Die **Steuerermäßigung** beträgt **0 EUR**, weil von der tariflichen ESt in Höhe von 2.580 EUR nichts auf die "im zu versteuernden Einkommen enthaltenen **gewerblichen Einkünfte** entfällt" (§ 35 Abs.1 EStG).

Fall 7:

	tarifliche ESt lt. Splittingtabelle für 100.000 € =	26.192 EUR
	− Steuerermäßigung nach § 35 Abs. 1 Nr. 2 EStG [1,8 x 6.000 € x 50 % (Anteil Becker)] =	− 5.400 EUR
	= **festzusetzende** Einkommensteuer	20.792 EUR

Fall 8:

Die Steuerermäßigung nach § 35a **Abs. 1** beträgt **1.728 Euro** (12 % von 14.400 €). Der Höchstbetrag von 2.400 Euro wird nicht überschritten.

Fall 9:

Die Steuerermäßigung nach § 35a **Abs. 2** beträgt **480 Euro** (20 % von 2.400 €). Der Höchstbetrag von 600 Euro wird nicht überschritten.

Fall 10:

Die Steuerermäßigung nach § 35a **Abs. 2** beträgt **357 Euro** (20 % von 1.785 € *).
* Arbeitskosten 1.500 € + 285 € USt (19 %) = 1.785 €)

Fall 11:

	tarifliche ESt nach der Splittingtabelle	11.628 EUR
	− anzurechnende Lohnsteuer	− 6.000 EUR
	= Abschlusszahlung (§ 36 Abs. 4 S. 1/1 Monat nach Bekanntgabe)	**5.628 EUR**

18 Lohnsteuer

Fall 1:

1. Werbungskosten

Fahrten Wohnung/Arbeitsstätte (§ 9 Abs. 1 Nr. 4)		
200 Tage x 30 km x 0,30 € (gem. BMF v. 04.10.07)	1.800 €	
Gewerkschaftsbeitrag (§ 9 Abs. 1 Nr. 3)	192 €	
	1.992 €	
– Arbeitnehmer-Pauschbetrag (§ 9a Nr. 1a)	– 920 €	1.072 €

2. Sonderausgaben (SA 1)

Kirchensteuer (§ 10 Abs. 1 Nr. 4)	261 €	
– Sonderausgaben-Pauschbetrag (§ 10c Abs. 1)	– 36 €	225 €

3. **Jahresfreibetrag** (§ 39a Abs. 1 + 2) 1.297 €

Monatsfreibetrag (Juni bis Dezember) **185 €**

Für gesetzliche Sozialversicherungsbeiträge (SA 2) ist kein Ansatz möglich.

Fall 2:

Der AG hat 2008 **jährlich** die LSt anzumelden und abzuführen, weil die auf einen Jahresbetrag umgerechnete LSt 15 € x 12 = **180 Euro** beträgt (§ 41a Abs. 2 S. 2 + 3).

Fall 3:

Die monatliche Pauschalabgabe an die Deutsche Rentenversicherung Knappschaft-Bahn-See (§ 40a Abs. 6) beträgt **30 %** (15 % Rentenversicherung, 13 % Krankenversicherung und 2 % Pauschsteuer) von 350 Euro = **105 Euro**.

Fall 4:

1. Die Entfernungspauschale beträgt **132 €** (220 Arbeitstage x 2 km x 0,30 €).
2. Ab 2008 kann der Arbeitnehmer die nachgewiesenen Kosten in Höhe von 600 € nur noch in Höhe der Entfernungspauschale von **132 €** als Werbungskosten absetzen.

Fall 5:

Einkünfte aus nichtselbständiger Arbeit (§ 19)		
Bruttoarbeitslohn	22.976 €	
– WK-Pauschbetrag	– 920 €	22.056 Euro
= Summe der Einkünfte		22.056 Euro
– Sonderausgaben		– 2.800 Euro
= **Einkommen**		**19.256 Euro**

Der Steuerpflichtige wird 2008 **nicht veranlagt**, weil die Voraussetzungen des § 46 **Abs. 2** EStG nicht erfüllt sind.

Fall 6:

1. **Nein**, weil die Einkünfte nach § 46 Abs. 2 EStG nicht mehr als 410 € (1.960 € – 102 € WKP und – 1.500 SpFB = 358 €) betragen.
2. **Ja**, und zwar nach § 46 Abs. 2 Nr. 8 EStG.

Prüfungsfälle Einkommensteuer

Prüfungsfall 1:

1. Persönliche Steuerpflicht

Dieter, Helga, Eva und Maria Müller sind unbeschränkt einkommensteuerpflichtig, weil sie im Inland einen Wohnsitz haben (§ 1 Abs. 1).

2. Alter der Steuerpflichtigen

Vor Beginn des VZ 2007 (d.h. im VZ 2006) waren Dieter Müller **67 Jahre** und Helga **63 Jahre alt**. Dieter Müller erfüllt die altersmäßigen Voraussetzungen für die Gewährung des **Altersentlastungsbetrags** (§ 24a). Außerdem erfüllen die Steuerpflichtigen die Voraussetzungen des § 33a **Abs. 3** Satz 1 **Nr. 2**, so dass sie die Aufwendungen für eine **Hilfe im Haushalt** bis zu 924 € (wegen Maria) als agB abziehen können.

3. Zu berücksichtigende Kinder

Die Töchter **Eva und Maria** sind **zu berücksichtigende Kinder**. Eva, 22 Jahre alt, weil sie für einen **Beruf ausgebildet** wird und Maria, weil sie **behindert** ist (§ 32 Abs. 4 **Nr. 2a** und **Nr. 3**). Die Eltern haben Anspruch auf zwei volle Kinderfreibeträge und zwei volle Betreuungsfreibeträge (§ 32 Abs. 6). Für Maria können zwei Drittel der Aufwendungen für die Kinderbetreuung wie Betriebsausgaben/Werbungskosten geltend gemacht werden (§ 4f).

4. Veranlagungsart

Die Eheleute werden **zusammen** zur Einkommensteuer **veranlagt**, weil kein Ehegatte die getrennte Veranlagung beantragt hat (§ 26 Abs. 3).

5. Steuertarif

Ihr Einkommen wird nach dem **Splittingtarif** versteuert, weil sie zusammen veranlagt werden (§ 32a Abs. 5).

6. Ermittlung des zu versteuernden Einkommens

		Ehemann EUR	Ehefrau EUR	Gesamt EUR
Einkünfte aus Gewerbebetrieb (§ 15)				
Tz. 1.2.1				
vorläufiger Gewinn	42.037 €			
+ Kopiergerät (kein GWG)	+ 420 €			
− AfA (30 % von 420 EUR)	− 126 €			
+ Werbegeschenke (§ 4 Abs. 7*)	+ 100 €			
− Hälfte der erwerbsbedingten Kinderbetreuungskosten (§ 4f) (2/3 von 3.600 € x 50 %)	− 1.200 €	41.231		41.231
* Aufzeichnungspflicht verletzt				
Übertrag:		41.231		41.231

	Ehemann EUR	Ehefrau EUR	Gesamt EUR
Übertrag:	41.231		41.231
Einkünfte aus nichtselbständiger Arbeit (§ 19)			
Tz. 1.2.1			
Einnahmen 4.988 € – Arbeitnehmer-Pauschbetrag (§ 9a Nr. 1a) – 920 € – Hälfte der erwerbsbedingten (§ 9a Nr. 1a) Kinderbetreuungskosten (§ 4f) (2/3 von 3.600 € x 50 %) – 1.200 €		2.868	2.868
Einkünfte aus Kapitalvermögen (§ 20)			
Tz. 1.2.2 und 1.2.3 EM EUR EF EUR			
Zinsen Eheleute 1.850,00 1.850,00			
Bar-Dividenden (473,40 € : 78,9 x 100) 600 €			
– stfr. Betrag (§ 3 Nr. 40d) – 300 € 300,00			
steuerpflichtige Einnahmen 1.850,00 2.150,00 – WKP (§ 9a Nr. 2) 51,00 51,00 – Sparer-Freibetrag (§ 20 Abs. 4) 750,00 750,00			
1.049,00 1.349,00	1.049	1.349	2.398
Einkünfte aus V+V (§ 21)			
Tz. 1.2.4			
für die Zeit vom 1.4. bis 30.6.			
Einnahmen: 3 x 800 EUR 2.400 EUR – Werbungskosten: Erbbauzinsen 100 EUR Hypothekenzinsen 300 EUR Eintragungsgebühr Hypothek 250 EUR Damnum 1.000 EUR Grundsteuer 12 EUR AfA nach § 7 Abs. 4 (2 % von 87.000 EUR für 3 Monate) 435 EUR 303 EUR	151	152	303
für die Zeit vom 1.7. bis 31.12. Für diesen Zeitraum sind keine Einkünfte aus V + V anzusetzen, weil das EFH selbst genutzt wird.			
Tz. 1.2.5 Die **Rente** aus der Berufsgenossenschaft ist nach § 3 Nr. 1a **steuerfrei**.			
= **Summe der Einkünfte**	42.431	4.369	46.800

		Gesamt EUR
Übertrag:		46.800
− Altersentlastungsbetrag (§ 24a)		
EM: 40 % von 42.431 EUR, höchstens EF: erfüllt nicht die altersmäßigen Voraussetzungen		1.900
= **Gesamtbetrag der Einkünfte**		44.900
− Sonderausgaben 1 (SA 1)		
Zuwendung politische Partei (§ 34g) *⁾	0 EUR	
SA-Pauschbetrag (§ 10c Abs. 1 + 4)	72 EUR	72
− Sonderausgaben 2 (SA 2)		
Altersvorsorgeaufwendungen (§ 10 Abs. 3)		
62 % von 972 EUR (486 € + 486 €) = 603 € − 486 € =		117
sonstige Vorsorgeaufwendungen (§ 10 Abs. 4)		
AN-Anteil Gesamtsozialvers. lt. Zeile 25 (Ehefrau)	971 EUR	
Lebensversicherung (88 % von 4.886 €)	4.300 EUR	
Kranken- und Pflegeversicherung (Ehemann)	1.200 EUR	
Einbruch- u. Diebstahlvers. (nicht berücksichtigungsf.)	0 EUR	
Hundehaftpflichtversicherung	93 EUR	
	6.564 EUR	
Höchstbetrag für Dieter Müller	2.400 EUR	
Höchstbetrag für Helga Müller	1.500 EUR	3.900
− **außergewöhnliche Belastungen**		
a) nach § 33		
Aufwendungen i.S. des § 33	2.500 EUR	
− zumutbare Belastung (3 % von 44.900 EUR)	1.347 EUR	
= abziehbare agB	1.153 EUR	
b) nach § 33a		
1 Unterhaltsaufwendungen (33a **Abs. 1**)		
a) Ermittlung der Einkünfte der Mutter		
Rente	2.400 €	
Besteuerungsanteil 50 %	1.200 €	
− WKP	− 102 €	
= Einkünfte	1.098 EUR	
b) Ermittlung der Bezüge der Mutter		
Rentenfreib. (2.400 € − 1.200 €)	1.200 €	
+ Zuschuss zur KV	173 €	
	1.373 €	
− Kostenpauschale	− 180 €	
= Bezüge	1.193 EUR	
Einkünfte und Bezüge (a + b)	2.291 EUR	
Übertrag:	2.291 EUR	1.153 EUR	**40.811**

			EUR
Übertrag:	2.291 EUR	1.153 EUR	40.811

c) Ermittlung der abziehbaren agB

Die Einkünfte und Bezüge der Mutter	2.291 EUR	
übersteigen den Karenzbetrag von	624 EUR	
um	1.667 EUR	

Es könnten maximal 7.680 € – 1.667 € = 6.013 €
abgezogen werden, **höchstens** können jedoch die
tatsächlichen **Aufwendungen** abgezogen werden — 1.200 EUR

2. Ausbildungsfreibetrag nach § 33a Abs. 2

Freibetrag für Tochter Eva — 924 EUR

3. Hilfe im Haushalt (§ 33a Abs. 3) — 720 EUR

c) nach § 33b

Pauschbeträge für Körperbehinderte			
Tochter Maria	3.700 EUR		
Herr Müller	310 EUR	4.010 EUR	
Pflege-Pauschbetrag (§ 33b Abs. 6)		924 EUR	8.931

= **Einkommen**	31.880
Kindergeld ist günstiger als die Freibeträge nach § 32 Abs. 6 EStG	0
= **zu versteuerndes Einkommen**	**31.880**

---

*)
Für die **Zuwendung** und den Mitgliedsbeitrag an eine **politische Partei** wird den Steuerpflichtigen eine Ermäßigung nach **§ 34g** in Höhe von 495 EUR (= die Hälfte von 990 EUR) gewährt. Die Zuwendung und der Beitrag können deshalb **nicht** als **Sonderausgaben** berücksichtigt werden.

3. Die **Steuerermäßigung** nach § 35 EStG beträgt **5.760 EUR** (1,8 x 3.200 EUR).

Prüfungsfall 2:

1. Persönliche Steuerpflicht
Die Eheleute und ihre Kinder sind **unbeschränkt einkommensteuerpflichtig**, weil sie im **Inland** einen **Wohnsitz** haben (§ 1 Abs. l).

2. Alter der Steuerpflichtigen
Vor Beginn des VZ 2007 waren Christoph und Lotte Schneider **49 Jahre alt**. Sie erfüllen nicht die altersmäßigen Voraussetzungen für die Gewährung des Altersentlastungsbetrags (§ 24a).

3. Zu berücksichtigende Kinder
Es sind **drei zu berücksichtigende Kinder**. Annette, **22 Jahre alt** befand sich in 2007 in der **Berufsausbildung** (§ 32 Abs. 4 Nr. 2a). **Heinrich, 16 Jahre alt** und **Pia, 14 Jahre alt**, werden ohne weitere Voraussetzungen berücksichtigt (§ 32 Abs. 3). Die Eltern haben für die drei Kinder Anspruch auf **drei volle Freibeträge nach § 32 Abs. 6** (Kinderfreibeträge und Betreuungsfreibeträge).

4. Veranlagungsart
Die Eheleute werden **zusammen** zur Einkommensteuer **veranlagt**, weil keiner die getrennte Veranlagung beantragt hat (§ 26 Abs. 3).

5. Steuertarif
Splittingtarif, weil sie zusammen veranlagt werden (§ 32a Abs. 5).

6. Ermittlung des zu versteuernden Einkommens

		Ehemann EUR	Ehefrau EUR	Gesamt EUR
Einkünfte aus Gewerbebetrieb (§ 15 Abs. 1 Nr. 2) Tz. 1.2.3				
Beteiligung KG (§ 4a Abs. 2 Nr. 2)			4.000	4.000
Einkünfte aus selbst. Arbeit (§ 18 Abs. 1 Nr. 1) Tz. 1.2.1				
Betriebseinnahmen	129.510 €			
− vorl. Betriebsausgaben	− 60.500 €			
= vorläufiger Gewinn	69.010 €			
+ Gerät (kein GWG)	1.200 €			
− AfA: 30 % von 1.200 EUR für 1 Monat (§ 7 Abs. 2) § 7 g ist nicht möglich (WG gebraucht)	− 30 €			
Aktenvernichter = GWG (§ 6 Abs. 2)	0 €			
= Gewinn Arztpraxis	70.180 €			
Tz. 1.2.2				
Gewinn aus schriftstellerischer Tätigkeit	20 000 €	90.180		90.180
Übertrag:		90.180	4.000	94.180

	Ehemann EUR	Ehefrau EUR	Gesamt EUR
Übertrag:	90.180	4.000	94.180
Einkünfte aus Kapitalvermögen (§ 20)			
Tz. 1.2.3 (§ 20 Abs. 1 Nr. 1)			
Bar-Dividende (670,65 € : 78,9 x 100) 850 EUR			
– steuerfreier Betrag (§ 3 Nr. 40d) – 425 EUR			
steuerpflichtige Dividende 425 EUR			
Tz. 1.2.4 (§ 20 Abs. 1 Nr. 7)			
Zinsen 3.761 EUR			
steuerpflichtige Einnahmen 4.186 EUR			
– WKP (§ 9a Nr. 2) – 102 EUR			
– Sparer-Freibetrag (§ 20 Abs. 4) – 1.500 EUR			
2.584 EUR	2.584		2.584
Einkünfte aus V + V (§ 21 Abs. 1 Nr.1)			
Tz. 1.2.5			
Einnahmen (§ 8 Abs. 1):			
Miete EG (120 x 9 x 10) 10.800 EUR			
– Werbungskosten (§ 9 Abs. 1):			
Schuldzinsen (4.000 EUR : 2) 2.000 EUR			
Damnum 2 % von 80.000 EUR = 1.600 EUR : 2 = 800 EUR			
Haushaftpflichtversicherung (200 EUR : 2) 100 EUR			
Brandversicherung (100 EUR : 2) 50 EUR			
AfA nach § 7 Abs. 5 Nr. 3c 4 % von 250.000 € = 10.000 € : 2 = 5.000 EUR	1.425	1.425	2.850
= Summe der Einkünfte	91.605	8.009	99.614
= Gesamtbetrag der Einkünfte			99.614
– Sonderausgaben 1 (SA 1)			
Kirchensteuer (§ 10 Abs. 1 Nr. 7)			2.070
Zuwendungen (§ 10b Abs. 1) **8.500 €** (1.000 € + 7.500 €) maximal abzugsfähig: 20 % von 99.614 = 19.923 €, höchstens Zuwendungen			8.500
Übertrag:			89.044

	EUR
Übertrag:	89.044
Die Zuwendungen an **politische Parteien** können als SA nicht berücksichtigt werden, weil für sie eine Steuerermäßigung (§ 34g Abs. 1 Satz 2) von 350 EUR gewährt wird.	0
– Sonderausgaben 2 (SA 2) **Altersvorsorgeaufwendungen** (§ 10 Abs. 1 Nr. 2a + Abs. 3) 64 % von 13.200 € (Versorgungskasse der Ärzte) =	8.448

sonstige Vorsorgeaufwendungen (§ 10 Abs. 1 Nr. 3a)

Haushaftpflichtversicherung (50 % von 200 €)	100 EUR	
Kranken- und Pflegeversicherung	4.320 EUR	
private Haftpflichtversicherung	160 EUR	
Beiträge zur Sterbekasse	124 EUR	
private Kfz-Haftpflichtversicherung	540 EUR	
	5.244 EUR	
Nach § 10 Abs. 4 Satz 1 können die Höchstbeträge wie folgt angesetzt werden:		
für Christoph Schneider	2.400 EUR	
für Lotte Schneider	2.400 EUR	4.800

– **außergewöhnliche Belastungen**

a) nach § 33a **Abs. 2**

Ausbildungsfreibetrag Tochter Annette	924 EUR	
Für Heinrich und Pia wird kein Ausbildungsfreibetrag gewährt, weil sie unter 18 Jahre alt sind.		

b) nach **§ 33b** Abs. 3 + Abs. 5

Behinderten-Pauschbetrag Tochter Pia	890 EUR	1.814

	EUR
= **Einkommen**	73.982
– Freibeträge nach § 32 Abs. 6 EStG (3 x 5.808 €) (Freibeträge günstiger als Kindergeld)	17.424
= **zu versteuerndes Einkommen**	**56.558**

Die **tarifliche Einkommensteuer** beträgt laut Splittingtabelle **10.540 EUR**.

Die **festzusetzende Einkommensteuer** beträgt **16.084 EUR** (10.540 € + 5.544 €).

Prüfungsfall 3:

	Ehemann EUR	Ehefrau EUR	Gesamt EUR
Einkünfte aus nichtselbständiger Arbeit (§ 19)			
Bruttoarbeitslohn (lt. Lohnsteuerb.) 38.359 €			
– Werbungskosten (§ 9 Abs. 1 + 2)			
Fahrtkosten *) 4.416 €			
Fachliteratur 115 €			
Gewerkschaftsbeitrag 180 €			
Kontoführungsgebühren 16 €	33.632		33.632
Einkünfte aus Vermietung und Verpachtung (§ 21)		1.750	1.750
= **Summe der Einkünfte**	33.632	1.750	35.382
= **Gesamtbetrag der Einkünfte**			35.382
– Sonderausgaben 1 (SA 1)			
Spenden für gemeinnützige Zwecke (§ 10b Abs. 1)			125
Spende politische Partei (§ 34g)			0
– Sonderausgaben 1 (SA 2)			
Altersvorsorgeaufwendungen (§ 10 Abs. 1 Nr. 2a + Abs. 3)			
64 % von 7.634 € (3.817 € + 3.817 €) = 4.886 € – 3.817 € =			1.069
sonstige Vorsorgeaufwendungen (§ 10 Abs. 1 Nr. 3)			
AN-Anteil lt. Zeile 25 der Lohnsteuerb.		4.239 €	
Lebensversicherung (88 % von 3.460 €)		3.045 €	
Haftpflichtversicherung		100 €	
Unfallversicherung		150 €	
Hausrat (nicht berücksichtigungsfähig)		0 €	
		7.534 €	
Höchstbeträge (§ 10 Abs. 4) für			
Michael Fabel		1.500 €	
Gabi Fabel		2.400 €	3.900
– **außergewöhnliche Belastungen**			
nach § 33:			
Aufwendungen (§ 33 Abs. 1 + 2)		4.850 €	
– zumutbare Belastung (§ 33 Abs. 3)			
(3 % von 35.382 EUR)		– 1.061 €	3.789
nach § 33a Abs. 2:			
Freibetrag		924 €	
Zuschuss (250 € x 12 = 3.000 € x 50 %)	1.500 €		
– Kostenpauschale	– 180 €	1.320 € **)	0
nach § 33a Abs. 3:			
Hilfe im Haushalt (12 x 125 EUR, höchstens 924 EUR)			924
nach § 33b Abs. 3:			
Pauschbetrag für Behinderte (GdB: 50)			570
Einkommen = zu versteuerndes Einkommen			**25.005**

*) Ohne Einzelnachweis der tatsächlichen Aufwendungen können die Fahrtkosten nach den Regeln der R 38 Abs. 1 Satz 6 LStR bei einer Pkw-Benutzung mit **0,30 € je Fahrtkilometer** angesetzt werden (siehe Lehrbuch Seite 142) (64 km x 0,30 € x 230 Tage = 4.416 €).

**) Der Karrenzbetrag (1.848 €) gilt nicht bei öffentlichen Zuschüssen.

2. Berechnung der Einkommensteuererstattung

tarifliche Einkommensteuer von 25.005 € lt. Splittingtabelle	1.874 EUR
– Tarifermäßigung nach § 34g Satz 2 EStG (50 % Spende an politische Parteien von 250 €)	– 125 EUR
= **festzusetzende** Einkommensteuer	1.749 EUR
– einbehaltene Lohnsteuer (§ 36 Abs. 2 Nr. 2)	– 3.926 EUR
= **Einkommensteuererstattung** (§ 36 Abs. 4 S. 2)	**2.177 EUR**

Prüfungsfall 4:

Zu 1.

	EUR
Einkünfte aus selbständiger Arbeit (§ 18)	
BE 30.027 EUR	
– BA [(3.181 € + 2.400 € (2/3 von 3.600 €)*] 5.581 EUR	24.446
* erwerbsbedingte Kinderbetreuungskosten	
= **Summe der Einkünfte**	24.446
– **Entlastungsbetrag für Alleinerziehende** (§ 24b)	1.308
= **Gesamtbetrag der Einkünfte**	23.138
– **Sonderausgaben 1** (SA 1)	
KiSt (§ 10 Abs. 1 Nr. 4)	134
– **Sonderausgaben 2** (SA 2)	
Beiträge zur Kranken- und Pflegeversicherung 5.500 EUR	
Beiträge zur freiwilligen Pflegeversicherung 150 EUR	
5.650 EUR	
Da die Steuerpflichtige die Aufwendungen für ihre Krankenversicherung und Krankheitskosten vollständig aus eigenen (versteuerten) Einnahmen trägt, beträgt der abzugsfähige Höchstbetrag nach § 10 Abs. 4 Satz 1	2.400
– **außergewöhnliche Belastungen**	
a) nach § 33	
Aufwand 2.780 EUR	
zumutbare Belastung	
1 % von 23.138 EUR = – 231 EUR	2.549
Übertrag:	18.055

	EUR
Übertrag:	18.055
b) nach § 33a Abs. 2	
Ausbildungsfreibetrag Sylvia 7/12 von 924 EUR	539
Ausbildungsfreibetrag Thomas nicht auswärtig untergebracht	0
c) nach § 33b Abs. 3	
Behinderten-Pauschbetrag Evelyn Herbst	430
Einkommen (= zu versteuerndes Einkommen)	**17.086**

Zu 1.1 **Einzelveranlagung (§ 25)**

Zu 1.2 **Grundtabelle**

Zu 1.3
Sylvia: 2.128 € (7/12 von 3.648 €) + 1.260 € (7/12 von 2.160 €) = 3.388 €
Thomas: 3.648 € + 2.160 € = 5.808 €
Christian: 3.648 € + 2.160 € = 5.808 €
(§ 32 Abs. 6 S. 1 + 2 sowie S. 3 Nr. 1)

Zu 2.

Bruttoarbeitlohn (§ 19 Abs. 1 Nr. 1)		11.144 €	
Rabatt (6.600 € – 5.000 €)	1.600 €		
– 4 % von 6.600 € (§ 8 Abs. 3 S.1)	– 264 €		
– Rabattfreibetrag (§ 8 Abs. 3 S. 2)	– 1.080 €		
	256 €	256 €	
Einnahmen aus nichtselbständiger Arbeit		11.400 €	
– Werbungskoten (§ 9)			
Fahrtkosten (50 km x 0,30 € x 150 Tage)	2.250 € *)		
Berufsbekleidung	250 €		
Kontoführungsgebühren	16 €	– 2.516 €	
Summe der Einkünfte/Gesamtbetrag der Einkünfte		**8.884 €**	

*) voller Ansatz bis zur Klärung der strittigen Entfernungspauschale

Zu 2.1 Antragsveranlagung (§ 46 Abs. 2 Nr. 8 EStG, Antrag bis 31.12.2009)

Zu 2.2
Einkünfte und Bezüge (s.o.)	8.884,00 €
– Sozialversicherungsbeiträge	– 2.394,18 €
Einkünfte und Bezüge	6.489,82 €

Da die Bemessungsgrundlage den maßgebenden Grenzbetrag von 7.680 € nicht übersteigt, ist das Kind in 2007 zu berücksichtigen (§ 32 Abs. 4 Nr. 1 i.V.m. § 32 Abs. 4 Satz 2 EStG).

Zu 3.

		EUR
Einkünfte aus Gewerbebetrieb (§ 15)		3.150
Einkünfte aus nichtselbständiger Arbeit (§ 19)		
Betriebsrente (§ 19 Abs. 2)	3.600 EUR	
– Versorgungsfreibetrag (§ 19 Abs. 2)	– 1.440 EUR	
– Zuschlag zum VFB (§ 19 Abs. 2)	– 900 EUR	
– ANP (§ 9a Nr. 1b)	– 102 EUR	1.158
sonstige Einkünfte i.S.d. § 22		
Rente/Besteuerungsanteil		
12.600 EUR x 50 % =	6.300 EUR	
– WKP (§ 9a Nr. 3)	– 102 EUR	6.198
Summe der Einkünfte		10.506
AEB (40 % von 3.150 EUR)		1.260
Gesamtbetrag der Einkünfte		**9.246**

Zu 4.1

Bar-Dividende (1000 x 4 €)	4.000 EUR
– 20 % Kapitalertragsteuer (20 % v. 4.000)	– 800 EUR
– 5,5 % Solidaritätszuschlag (5,5 % v. 800)	– 44 EUR
Gutschrift (Netto-Dividende)	**3.156 EUR**

Zu 4.2

Bar-Dividende	4.000 EUR
– steuerfreier Betrag nach § 3 Nr. 40d	– 2.000 EUR
steuerpflichtige Dividende	2.000 EUR
– WKP (§ 9a Nr. 2)	– 51 EUR
– Sparer-Freibetrag (§ 20 Abs. 4)	– 750 EUR
Einkünfte aus Kapitalvermögen (§ 20)	**1.199 EUR**

B. Körperschaftsteuer

1 Einführung in die Körperschaftsteuer

Fall 1:

Der Gewinn unterliegt **nicht** der **Körperschaftsteuer**, weil der Gewinn nicht von einer juristischen Person erzielt worden ist.
Der Gewinn unterliegt der **Einkommensteuer**.

Fall 2:

Zu 1.
Der Gewinn unterliegt **nicht** der **Körperschaftsteuer**, weil der Gewinn nicht von einer juristischen Person erzielt worden ist. Die KG ist eine Personengesellschaft, die weder der Körperschaftsteuer noch der Einkommensteuer unterliegt.

Zu 2.
Der Gewinnanteil des B unterliegt nicht der Körperschaftsteuer, sondern der **Einkommensteuer**.

Fall 3:

Zu 1.
Der Gewinn der GmbH unterliegt der **Körperschaftsteuer**, weil die GmbH eine juristische Person ist.

Zu 2.
Wird der Gewinn (oder Teile des Gewinns) ausgeschüttet, so unterliegt der Gewinnanteil bei C **nicht** der Körperschaftsteuer, da C eine natürliche Person ist. Der Gewinnanteil unterliegt zur Hälfte der **Einkommensteuer** (Halbeinkünfteverfahren). Ab 1.1.2009 wird für private Kapitalerträge eine Abgeltungssteuer von 25 % eingeführt. Gleichzeitig wird das Halbeinkünfteverfahren abgeschafft.

Fall 4:

Zu 1.
Der Gewinn der AG unterliegt der **Körperschaftsteuer**, weil die AG eine juristische Person ist.

Zu 2.
Die Aufsichtsratsvergütung des D unterliegt nicht der Körperschaftsteuer, sondern der **Einkommensteuer** (§ 18 Abs. 1 Nr. 3 EStG).

2 Körperschaftsteuerpflicht

Fall 1:

Unbeschränkte Körperschaftsteuerpflicht:

1. OSCAR GmbH, Köln	**Ja**, § 1 Abs. 1 Nr. 1 KStG
2. Heinrich Zengler GmbH & Co. KG, Hamburg	& Co.KG, **Nein**, Personeng. GmbH, **Ja**, Kapitalgesellsch.
3. Wasserwerk der Stadt Bad Neuenahr-Ahrweiler	**Ja**, § 1 Abs. 1 Nr. 6 KStG
4. Volksbank Lahnstein eG, Lahnstein (Rhein)	**Ja**, § 1 Abs. 1 Nr. 2 KStG
5. Post-Sportverein Koblenz e.V., Koblenz	**Ja**, § 1 Abs. 1 Nr. 4 KStG
6. Reinhold Harsch KG, Stuttgart	**Nein**, KG keine jur. Person
7. Grimm GmbH, Ingolstadt	**Ja**, § 1 Abs. 1 Nr. 1 KStG

Fall 2:

Die Austria AG ist **beschränkt** körperschaftsteuerpflichtig mit ihren **inländischen** Einkünften (§ 2 KStG).

Fall 3:

Zu 1.

Die GmbH ist **unbeschränkt** körperschaftsteuerpflichtig, weil sie ihren Sitz/ Geschäftsleitung im Inland hat (§ 1 Abs. 1 Nr. 1 KStG).

Zu 2.

Die unbeschränkte Körperschaftsteuerpflicht hat zur **Folge**, dass **sämtliche** (in- und ausländische) **Einkünfte** der **Körperschaftsteuer unterliegen** (§ 1 Abs. 2 KStG).

Zu 3.

Für die Körperschaftsteuer der GmbH ist das **Geschäftsleitungsfinanzamt** in **Dortmund** örtlich zuständig, weil die GmbH im Bezirk des Finanzamtes Dortmund ihre Geschäftsleitung hat (§ 20 Abs. 1 AO).

3 Steuerbefreiungen

Fall 1:

Unbeschränkte Steuerbefreiung:

1. Steuerberater Akademie Rheinland-Pfalz, Stiftung des bürgerlichen Rechts, Mainz	**Ja**, § 5 Abs. 1 Nr. 9 KStG
2. Sterbegeldkasse des steuerberatenden Berufs, VVaG, Sitz Bonn	**Ja**, § 5 Abs. 1 Nr. 3 KStG
3. Volksbank Köln eG, Köln	**Nein**
4. Vereinigte Wasserwerke Mittelrhein GmbH, Koblenz	**Nein**

Fall 2:

Der Verein ist 2007 von der Körperschaftsteuer **befreit**, weil die Einnahmen aus dem wirtschaftlichen Geschäftsbetrieb **35.000 Euro** nicht übersteigen (§ 5 Abs. 1 Nr. 9 **Satz 2** KStG i.V.m. § 64 Abs. 3 AO).

4 Ermittlung des körperschaftsteuerlichen Einkommens

Fall 1:

Die nicht abziehbaren Betriebsausgaben betragen **2.250 Euro** (2.750 Euro – 500 Euro).

Fall 2:

	Euro
= Einkommen **nach** Abzug der Zuwendungen	150.000
+ sämtliche Zuwendungen (15.000 € + 10.000 € + 5.000 €)	30.000
= **Summe der Einkünfte** (Einkommen **vor** Abzug der Zuwendungen)	180.000
− abzugsfähige Zuwendungen	
Zuwendungen 25.000 € (15.000 € + 10.000 €) maximal abziehbar: 20 % von 180.000 € = 36.000 €, höchstens Zuwendungen *)	− 25.000
oder	
4 ‰ von 7.500.000 € = 30.000 € höchstens Zuwendungen = 25.000 €	
Bei beiden Methoden ist der abziehbare Betrag gleich hoch.	
= **Gesamtbetrag der Einkünfte** (= Einkommen)	**155.000**

*) Zuwendungen an politische Parteien sind nicht abzugsfähig.

Fall 3:

	Euro
vorläufiger Jahresüberschuss lt. Handelsbilanz	325.000
+ nichtabziehbare Aufwendungen	
KSt-Vorauszahlungen	180.000
Solidaritätszuschlag	9.900
Aufsichtsratvergütung (50 % von 40.000 Euro)	20.000
= **zu versteuerndes Einkommen**	**534.900**

5 Körperschaftsteuertarif

Fall 1:

Gewinn **nach** Gewerbesteuer	500.000 Euro
− Körperschaftsteuer (25 % von 500.000 Euro)	− 125.000 Euro
− Solidaritätszuschlag (5,5 % von 125.000 Euro)	− 6.875 Euro
= **Ausschüttung**	**368.125 Euro**

Fall 2:

Gewinn der Hausmann-AG (Ausschüttung)	368.125 Euro
− 20 % anrechenbare KapESt (20 % von 368.125 Euro) −	73.625 Euro
− 5,5 % anrechenbarer SolZ (5,5 % von 73.625 Euro) −	4.049 Euro
= **Auszahlung**	**290.451 Euro**

Fall 3:

Jahresüberschuss	40.000 Euro
+ KSt-Vorauszahlungen	5.000 Euro
+ SolZ-Vorauszahlungen	275 Euro
+ GewSt ist abzugsfähige BA	0 Euro
+ Geldbuße	500 Euro
+ 50 % Aufsichtsratsvergütungen	2.150 Euro
+ Zuwendungen für gemeinnützige Zwecke	5.000 Euro
+ verdeckte Gewinnausschüttung (6 % von 30.000 €)	1.800 Euro
= Gesamtbetrag der Einkünfte	54.725 Euro
− Zuwendungen für gemeinnützige Zwecke (20 % von 54.725 €, höchstens Zuwendungen)	− 5.000 Euro
= zu versteuerndes Einkommen	49.725 Euro
x **25 %** (§ 23 Abs. 1 KStG)	
= **Körperschaftsteuer**	**12.431 Euro**

6 Aufteilung des steuerlichen Eigenkapitals

Fall

Zu 1.

steuerliches Eigenkapital	200.000 Euro
− Nennkapital (gezeichnetes Kapital)	− 50.000 Euro
− steuerliches Einlagekonto	− 50.000 Euro
= **ausschüttbarer Gewinn** zum Schluss des Wj 2006	**100.000 Euro**

Die Ausschüttungen in 2007 betragen **130.000 Euro** und **übersteigen** damit den ausschüttbaren Gewinn um **30.000 Euro**. Das steuerliche Einlagekonto wird um 30.000 Euro gemindert und erhöht sich um die erbrachten Einlagen von 40.000 Euro.

Zu 2.

steuerliches Einlagekonto zum Schluss des Wj 2006	50.000 Euro
− Abgänge im Wirtschaftsjahr 2007	− 30.000 Euro
+ Zugänge im Wirtschaftsjahr 2007	+ 40.000 Euro
= **steuerliches Einlagekonto** zum Schluss des Wj 2007	**60.000 Euro**

Zu 3.

steuerliches Eigenkapital (200.000+130.000−130.000+40.000)	240.000 Euro
− Nennkapital (gezeichnetes Kapital)	− 50.000 Euro
− steuerliches Einlagekonto	− 60.000 Euro
= **ausschüttbarer Gewinn** zum Schluss des Wj 2007	**130.000 Euro**

Prüfungsfälle Körperschaftsteuer

Prüfungsfall 1:

	Euro
vorläufiger Jahresüberschuss lt. Handelsbilanz	253.630
+ Werbegeschenke über 35 Euro	980
= Gewinn lt. Steuerbilanz	254.610
+/− Korrekturen nach **körperschaftsteuerlichen** Vorschriften	
+ **sämtliche** Zuwendungen (2.850 € + 3.775 €)	+ 6.625
+ nichtabziehbare Aufwendungen	
Beiratsvergütungen (50 % von 12.000 €)	+ 6.000
Körperschaftsteuer-Vorauszahlungen	+ 25.000
Solidaritätszuschlag	+ 1.375
= **Summe der Einkünfte**	293.610
− **abziehbare** Zuwendungen (gemeinnützige Zwecke)	
max. **20 %** von 293.610 €, höchstens	− 2.850
1.= **zu versteuerndes Einkommen**	**290.760**

2. KSt (25 % von 290.760 €)   72.690 Euro
 − Vorauszahlung   − 25.000 Euro
 = **KSt-Rückstellung**   **47.690 Euro**

 SolZ (5,5 % von 72.690 Euro)   3.998 Euro
 − Vorauszahlung   − 1.375 Euro
 = **SolZ-Rückstellung**   **2.623 Euro**

3. Vorläufiger Jahresüberschuss lt. Handelsbilanz   253.630 Euro
 − Zuführung KSt-Rückstellung   − 47.690 Euro
 − Zuführung SolZ-Rückstellung   − 2.623 Euro
 = **endgültiger Jahresüberschuss**   **203.317 Euro**

Prüfungsfall 2:

1. zu versteuerndes Einkommen   1.300.000 Euro
 − KSt (25 % von 1.300.000 Euro)   − 325.000 Euro
 − SolZ (5,5 % von 325.000 Euro)   − 17.875 Euro
 = **maximale Ausschüttung (Bar-Dividende)**   **957.125 Euro**

2. **Nein**, die KSt-Belastung bleibt gleich (25 %).

3. Ausschüttung (Bar-Dividende)   957.125 Euro
 − Kapitalertragsteuer (20 % von 957.125 Euro)   − 191.425 Euro
 − Solidaritätszuschlag (5,5 % von 191.425 Euro)   − 10.528 Euro
 = Auszahlung an die Anteilseigner (Netto-Dividende)   **755.172 Euro**

4. steuerpflichtige Einnahme: 50 % von 957.125 Euro (Bar-Dividende)   **478.563 Euro**

Prüfungsfall 3:

Zu 1.

	Euro
vorläufiger Jahresüberschuss	24.200
+ nicht abziehbare Betriebsausgaben i.S.d. § 4 Abs. 5 Nr. 1 EStG	+ 750
+ nicht abzugsfähige Bewirtungskosten (30 % von 833 €)	+ 250
= Gewinn lt. Steuerbilanz	25.200
+/- Korrekturen nach **körperschaftsteuerlichen** Vorschriften	
+ Körperschaftsteuer-Vorauszahlungen 2007	+ 10.000
+ Solidaritätszuschlag 2007	+ 550
= **zu versteuerndes Einkommen**	**35.750**

Zu 2.

Der **Körperschaftsteuersatz** beträgt 2007 **25 %** (§ 23 Abs. 1 KStG).

Zu 3.

Die **Körperschaftsteuer** beträgt 2007 **8.937,50 €** (25 % von 35.750 €).

Prüfungsfall 4:

Zu 1.

	Euro
Gewinn	600.000
+ KSt-Vorauszahlung für 2007	+ 71.000
+ SolZ-Vorauszahlung für 2007	+ 3.905
+ KSt-Rückstellung (§ 10 Nr. 2 KStG)	+ 25.000
+ Beiratsvergütungen (50 % von 3.000 €)	+ 1.500
+ **sämtliche** Zuwendungen (2.000 € + 1.000 €)	+ 3.000
= **Summe der Einkünfte**	704.405
– **abziehbare** Zuwendungen (gemeinnützige Zwecke) maximal **20 %** von 704.405 €, höchstens	– 2.000
= **Gesamtbetrag der Einkünfte = zu versteuerndes Einkommen**	**702.405**

Zu 2.

Körperschaftsteuer (25 % von 702.405 €)	175.601,25 Euro
– KSt-Vorauszahlung für 2007	– 71.000,00 Euro
Körperschaftsteuerschuld	**104.601,25 Euro**

Prüfungsfall 5:

	Euro
Jahresüberschuss	60.800,00
Korrekturen nach **einkommensteuerrechtlichen** Vorschriften	
+ nicht abzugsfähige Bewirtungskosten (§ 4 Abs. 5 Nr. 2 EStG) (30 % von 3.000 €)	+ 900,00
= Gewinn lt. Steuerbilanz	61.700,00
Korrekturen nach **körperschaftsteuerrechtlichen** Vorschriften	
+ sämtliche Zuwendungen (12.000 € + 1.700 €)	+ 13.700,00
+ KSt-Vorauszahlungen 2007	+ 20.000,00
+ SolZ-Vorauszahlungen 2007	+ 1.100,00
= **Summe der Einkünfte**	96.500,00
− abziehbare Zuwendungen (gemeinnützige Zwecke) 20 % von 96.500 €, höchstens Zuwendungen *)	− 12.000,00
= **Gesamtbetrag der Einkünfte**	84.500,00
− Verlustabzug (§ 10d EStG)	− 20.000,00
= **Einkommen = zu versteuerndes Einkommen**	64.500,00

*) Zuwendungen an politische Parteien sind nicht abzugsfähig.

C. Gewerbesteuer

1 Einführung in die Gewerbesteuer

Fall 1:

	EUR
Gewinn aus Gewerbebetrieb	35.000
+ Hinzurechnungen	16.000
	51.000
− Kürzungen	15.000
= **maßgebender** Gewerbeertrag (ist bereits abgerundet)	36.000
− Freibetrag	24.500
= **endgültiger** Gewerbeertrag	11.500
x Steuermesszahl (1 %)	
= Steuermessbetrag	115
x Hebesatz (420 %)	
= **Gewerbesteuer**	**483**

Fall 2:

	EUR
maßgebender Gewerbeertrag (ist bereits abgerundet)	36.000
− Freibetrag	24.500
= **endgültiger** Gewerbeertrag	11.500
x Steuermesszahl (1 %)	
= Steuermessbetrag	115
x Hebesatz (450 %)	
= **Gewerbesteuer**	**517,50**

2 Steuerpflicht und Steuerbefreiungen

Fall 1:

1. Ja, kraft Rechtsform (§ 2 Abs. 2 GewStG)
2. Nein, selbständiger Arbeit (§ 18 EStG)
3. Nein, Land- und Forstwirtschaft (§ 13 EStG) ⎤ Abschn. 11 Abs. 1 GewStR
4. Ja, kraft gewerblicher Betätigung (§ 2 Abs. 1 GewStG)
5. Ja, kraft gewerblicher Betätigung (§ 2 Abs. 1 GewStG)
6. Ja, Gewerbebetrieb kraft wirtschaftlichen Geschäftsbetriebs (§ 2 Abs. 3 GewStG)

Fall 2:

Die Gewerbesteuerpflicht des Rodener beginnt am **2.1.2007**. Das Mieten der gewerblichen Räume und der Warenkauf sind nur Vorbereitungshandlungen, die noch keine Gewerbesteuerpflicht begründen.

3 Steuermessbetrag

Fall 1:

BV 31.12.2007	118.900 EUR
BV 31.12.2006	125.300 EUR
Unterschiedsbetrag	− 6.400 EUR
+ Entnahmen	50.700 EUR
− Einlagen	− 1.300 EUR
Gewinn aus Gewerbebetrieb 2007	**43.000 EUR**

Fall 2:

Der **Gewinn aus Gewerbebetrieb** beträgt 2007 **98.000 EUR**.

Die Gewerbesteuer-Rückstellung darf als Betriebsausgabe den Gewinn aus Gewerbebetrieb mindern.

Fall 3:

Berechnung der hinzuzurechnenden **Dauerschuldzinsen**:

10 % von 121.400 € = 12.140 €, davon 50 % = **6.070 EUR**

Fall 4:

Berechnung der hinzuzurechnenden **Dauerschuldentgelte**:

Zinsen: 8 % von 100.000 € für 1/2 Jahr	=	4.000 EUR
Damnum: 2.000 EUR für 1/2 Jahr	=	100 EUR (2.000 € : 10 = 200 € x 1/2)
	4.100 EUR x 50 % =	**2.050 EUR**

Fall 5:

3.945 Euro (Netto-Dividende) : 78,9 x 100 = 5.000 € (Bar-Dividende)
− steuerfreier Betrag nach § 3 Nr. 40d EStG
(50 % von 5.000 €)   2.500 €

Der **steuerfrei** bleibende Dividendenertrag von **2.500 Euro** ist dem Gewinn aus Gewerbetrieb hinzuzurechnen (§ 8 Nr. 5 GewStG).

Fall 6:

Die **Miete** für den Lkw ist **nicht** hinzuzurechnen, weil sie beim Vermieter zur Gewerbesteuer herangezogen wird (§ 8 Nr. 7 GewStG).

Fall 7:

Die Kürzung für den Grundbesitz beträgt 1,2 % vom 1,4-fachen des Einheitswerts des Betriebsgrundstückes = **840 Euro**.

Fall 8:

Die Kürzung beträgt 80 % von 840 € = **672 EUR**.

Fall 9:

Die Kürzung für den Grundbesitz beträgt:

in 2007: 1,2 % von 140 % von 80.000 € = **1.344 EUR**
in 2008: 1,2 % von 140 % von 90.000 € = **1.512 EUR**

Fall 10:

Zuwendungen **4.400 €** (1.400 € + 3.000 €)
maximal abziehbar:
20 % von 50.000 € = 10.000 €,
höchstens Zuwendungen **4.400 EUR**

Die Zuwendungen an **politische Parteien** (§ 10b **Abs. 2**) sind **nicht** abzugsfähig.

Fall 11:

Zuwendungen **4.400 €** (1.400 € + 3.000 €)
maximal abziehbar:
20 % von 50.000 € = 10.000 €,
höchstens Zuwendungen **4.400 EUR**

Die Zuwendungen an **politische Parteien** sind seit dem 1.1.1994 für Kapitalgesellschaften nicht mehr abzugsfähig (§ 9 Abs. 1 Nr. 2 KStG).

Fall 12:

2007:

	EUR	EUR
Verlust aus Vorjahren (EZ 2005 und 2006)	2.500.000	
positiver maßgebender Gewerbeertrag im EZ 2007		2.000.000
– uneingeschränkter Verlustabzug	1.000.000	– 1.000.000
= verbleibender positiver maßgebender Gewerbeertrag		1.000.000
– eingeschränkter Verlustabzug (60 % v. 1.000.000 €)	600.000	– 600.000
= **vorläufiger** Gewerbeertrag im EZ 2007		**400.000**

Verlustvortrag für die EZ 2008   900.000

2008:

	EUR	EUR
Verlust aus Vorjahren (EZ 2005 und 2006)	900.000	
positiver maßgebender Gewerbeertrag im EZ 2008		1.000.000
– uneingeschränkter Verlustabzug	900.000	– 900.000
= verbleibender positiver maßgebender Gewerbeertrag		100.000
– eingeschränkter Verlustabzug (60 % v. 0 €)		– 0
= **vorläufiger** Gewerbeertrag im EZ 2008		**100.000**

Fall 13:

	EUR
vorläufiger Gewerbeertrag	105.215
Abrundung auf volle hundert Euro	105.200
– Freibetrag	– 24.500
= endgültiger Gewerbeertrag	80.700
x Steuermesszahl	
(5 % von 80.700 € = 4.035 € – **1.200 €** Staffelersparnis)	
= Steuermessbetrag	**2.835**

Fall 14:

	EUR
vorläufiger Gewerbeertrag	14.315
Abrundung auf volle hundert Euro	14.300
– Freibetrag (Kapitalgesellschaft)	0
= endgültiger Gewerbeertrag	14.300
x Steuermesszahl (5 %)	
= Steuermessbetrag	**715**

Fall 15:

	EUR
vorläufiger Gewerbeertrag (5.9. bis 31.12.)	40.000
kein Freibetrag, da Kapitalgesellschaft	0
= **endgültiger** Gewerbeertrag	40.000
x Steuermesszahl (5 %)	
= Steuermessbetrag	**2.000**

Fall 16:

	EUR
Gewinn aus Gewerbebetrieb (Tz. 1)	21.000
+ Hinzurechnungen nach § 8	
Dauerschuldzinsen (Tz. 2) 50 % von 2.786 €	1.393
Miete wird nicht hinzugerechnet, da Eigentümer Gewerbetreibender ist (Tz. 5)	0
	22.393
– Kürzungen nach § 9	
Grundbesitzkürzung	
1,2 % von 35.000 € (Tz. 3)	420
Gewinnanteil OHG (Tz. 4)	4.750
= **vorläufiger** Gewerbeertrag	17.223
Abrundung auf volle hundert Euro	17.200
– Freibetrag 24.500 €, höchstens	– 17.200
= **endgültiger** Gewerbeertrag	0
x Steuermesszahl	
= Steuermessbetrag	**0**

Fall 17:

	EUR
Gewinn aus Gewerbebetrieb (Tz. 1)	74.581
+ Hinzurechnungen nach § 8	
Dauerschuldzinsen (Tz. 2) 50 % v. 9.175 €	4.587
Dauerschuldzinsen (Tz. 3)	
7 % von 10.000 € = 700 €, davon 50 %	350
	79.518
– Kürzungen nach § 9	
Grundbesitzkürzung	
1,2 % von 42.280 € (Tz. 4)	508
vorläufiger Gewerbeertrag	79.010
Abrundung auf volle hundert Euro	79.000
– Freibetrag	– 24.500
= **endgültiger** Gewerbeertrag	54.500
x Steuermesszahl	
(5 % von 54.500 € = 2.725 € – **1.200** € Staffelersparnis)	
= Steuermessbetrag	**1.525**

4 Festsetzung und Erhebung der Gewerbesteuer

Fall 1:

	EUR
Gewinn aus Gewerbebetrieb (Tz. 1)	84.695
+ Hinzurechnungen nach § 8	
Dauerschuldzinsen (Tz. 5) 50 % von 2.250 €	1.125
Hälfte der Mietaufwendungen für Kühlanlage (Tz.10)	1.500
Hälfte der Mietaufwendungen für Computer (Vermieter = Gewerbetreibender) (Tz.6)	0
Hälfte der Mietaufwendungen für Lagerhalle (= Grundbesitz) (Tz.8)	0
Verlustanteil aus der KG-Beteiligung (Tz.3)	12.125
	99.445
− Kürzungen nach § 9	
Grundbesitzkürzung (Tz.14) 1,2 % von 70.000 € (50.000 € x 1,4)	840
Zuwendungen für gemeinn. (wissenschaftl.) Zwecke (Tz.12)	4.800
= **vorläufiger** Gewerbeertrag	93.805
Abrundung auf volle hundert Euro	93.800
− Freibetrag	− 24.500
= **endgültiger** Gewerbeertrag	69.300
x Steuermesszahl (5 % von 69.300 € = 3.465 € − **1.200 €** Staffelersparnis)	
= Steuermessbetrag	2.265
x Hebesatz (395 %)	
= **Gewerbesteuer**	**8.946,75**

Fall 2:

Betriebsvermögen am 31.12.2007	118.900 EUR
Betriebsvermögen am 31.12.2006	125.300 EUR
Unterschiedsbetrag	− 6.400 EUR
+ Entnahme	50.700 EUR
− Einlage	− 1.300 EUR
= **Gewinn aus Gewerbebetrieb**	**43.000 EUR**

	EUR
Gewinn aus Gewerbebetrieb	43.000
+ Hinzurechnungen nach § 8	
Dauerschuldzinsen: 50 % von 2.100 €	1.050
Hälfte der Miete	1.200
Verlustanteil OHG	1.500
Übertrag:	46.750

	EUR
Übertrag:	46.750
– Kürzungen nach § 9	
Grundbesitzkürzung	
1,2 % von 112.000 € (80.000 € x 1,4)	1.344
= **vorläufiger** Gewerbeertrag	45.406
Abrundung auf volle hundert Euro	45.400
– Freibetrag	– 24.500
= endgültiger Gewerbeertrag	20.900
x Steuermesszahl (2 % von 20.900 € = 418 € – 120 € Staffelersparnis)	
= Steuermessbetrag	298
x Hebesatz (395 %)	
= **Gewerbesteuer**	**1.177,10**

5 Zerlegung

Fall 1:

		Zerlegungsanteil
Gemeinde A	60 % von 24.000 EUR =	**14.400 EUR**
Gemeinde B	30 % von 24.000 EUR =	**7.200 EUR**
Gemeinde C	10 % von 24.000 EUR =	**2.400 EUR**
		24.000 EUR

Fall 2:

Betriebsstätten	Zerlegungsanteile		Hebesätze		Gewerbesteuer
Gemeinde A	14.400 EUR	x	445 %	=	**64.080 EUR**
Gemeinde B	7.200 EUR	x	450 %	=	**32.400 EUR**
Gemeinde C	2.400 EUR	x	370 %	=	**8.880 EUR**
	24.000 EUR				105.360 EUR

6 Gewerbesteuerrückstellung

Fall 1:

	5/6-Methode EUR	Divisor-Methode EUR
Gewinn vor GewSt-Rückstellung	87.300	87.300
+ GewSt-Vorauszahlungen	2.000	2.000
= Gewinn ohne Berücksichtigung der GewSt	89.300	89.300
+ Hinzurechnungen nach § 8	9.700	9.700
Zwischensumme	99.000	99.000
− Kürzungen nach § 9	1.000	1.000
= vorläufiger Gewerbeertrag ohne Berücksichtigung der GewSt	98.000	98.000
− Freibetrag	24.500	24.500
= endgültiger Gewerbeertrag ohne Berücksichtigung der GewSt	73.500	73.500
x Steuermesszahl (5 % v. 73.500 € = 3.675 € − **1.200 €**)		
= vorläufiger Steuermessbetrag	2.475	2.475
x Hebesatz 380 %		
= vorläufige GewSt	9.405	9.405
davon **5/6** = endgültige GewSt	7.838	
− geleistete Vorauszahlungen	− 2.000	
= **GewSt-Rückstellung nach der 5/6-Methode**	**5.838**	

Divisor: $1 + \dfrac{5 \times 380}{10.000} =$ **1,190**

= Gewerbesteuer (9.405 € : **1,190**) = endgültige GewSt	7.903
− geleistete Vorauszahlungen	− 2.000
= **GewSt-Rückstellung nach der DivisorMethode**	**5.903**

Lehrbuch 451

Fall 2:

	5/6-Methode EUR	Divisor-Methode EUR
Gewinn vor GewSt-Rückstellung	84.695	84.695
+ GewSt-Vorauszahlungen	3.000	3.000
= Gewinn ohne Berücksichtigung der GewSt	87.695	87.695
+ Hinzurechnungen nach § 8	14.750	14.750
Zwischensumme	102.445	102.445
− Kürzungen nach § 9	5.640	5.640
= abgerundeter vorläufiger Gewerbeertrag ohne Berücksichtigung der GewSt	96.800	96.800
− Freibetrag	24.500	24.500
= endgültiger Gewerbeertrag ohne Berücksichtigung der GewSt	72.300	72.300
x Steuermesszahl (5 % von 72.300 € = 3.615 € − **1.200 €**)		
= vorläufiger Steuermessbetrag	2.415	2.415
x Hebesatz 370 %		
= vorläufige GewSt	8.936	8.936
davon **5/6** = endgültige GewSt	7.447	
− geleistete Vorauszahlungen	− 3.000	
= **GewSt-Rückstellung nach der 5/6-Methode**	**4.447**	

Divisor: $1 + \dfrac{5 \times 395}{10.000} = $ **1,1975**

= Gewerbesteuer (8.936 € : **1,1975**) = endgültige GewSt		7.462
− geleistete Vorauszahlungen		− 3.000
= **GewSt-Rückstellung nach der Divisor-Methode**		**4.462**

Prüfungsfälle Gewerbesteuer

Prüfungsfall 1:

	EUR
Gewinn	64.444
+ Zuwendungen	2.000
= Gewinn lt. EStG	66.444
+ <u>Hinzurechnungen nach § 8</u>	
Dauerschuldzinsen (Darlehen) 6 % von 80.000 € = 4.800 € für 3 Monate = 1.200 € x 50 % =	600
Damnum 4 % von 80.000 € = 3.200 € : 10 Jahre = 320 € für 3 Monate = 80 € x 50 % =	40
Kontokorrentzinsen 10 % von 5.120 € = 512 € x 50 % =	256
Gewinnanteil stiller Gesellschafter	10.000
Hälfte der Miete für DV-Anlage (Vermieter = Gewerbetreibender)	0
Verlustanteil OHG	8.500
	85.840
− <u>Kürzungen nach § 9</u>	
Grundbesitzkürzung 1,2 % von 95.200 € (85 % von 112.000 €)	1.142
Betriebsgrundstück neu	0
Zuwendungen	1.500
= **vorläufiger** Gewerbeertrag Abrundung auf volle 100 Euro − Freibetrag	83.198 83.100 24.500
= **endgültiger** Gewerbeertrag x Steuermesszahl (5 % von 58.600 € = 2.930 € − **1.200 €** Staffelersparnis) = Steuermessbetrag x Hebesatz (400 %)	58.600 1.730
= **Gewerbesteuer**	**6.920**

Prüfungsfall 2:

Zu 1.

Hinzurechnungen:

§ 8 Nr. 1 GewStG: 50 % von 12.000 € = **6.000 EUR**

Kürzungen:

§ 9 Nr. 1 GewStG: 1,2 % von 100.000 € = 1.200 € x 140 % = **1.680 EUR**

Zu 2.

Gewerbeertrag	30.000 EUR
– Freibetrag (Kapitalgesellschaft)	0 EUR
x Steuermesszahl (5 % von 30.000 €)	
= Steuermessbetrag	1.500 EUR
x Hebesatz (480 %)	
= **Gewerbesteuer**	**7.200 EUR**

Prüfungsfall 3:

	EUR
vorläufiger handelsrechtlicher Gewinn (Tz. 1)	107.850
+ Geschäftsführergehalt (Tz. 4)	28.800
= einkommensteuerrechtlicher Gewinn **vor** GewSt-Rückstellung	136.650
+ GewSt-Vorauszahlungen (Tz. 8)	10.000
= Gewinn **ohne** Berücksichtigung der Gewerbesteuer	146.650
+ <u>Hinzurechnungen nach § 8</u> Dauerschuldentgelte: · Kontokorrentschulden (Tz. 7) 17.500 € x 11 % = 1.925 € · Dauerschulden (Tz. 3) 50.000 € x 9 % x 11/12 = 4.125 € · Damnum/Disagio (Tz. 3) 3.000 € : 5 x 11/12 = <u>550 €</u> 6.600 € 50 % von 6.600 € =	3.300
Gewinnanteile echter stiller Gesellschafter (Tz. 9)	2.600
Hälfte der Mietaufwendungen Nähmaschine (Tz. 5)	3.000
Mietaufwendungen für Grundbesitz (Tz. 10)	0
	155.550
– <u>Kürzungen nach § 9</u>	
1,2 % von 105.000 € (75.000 € x 140 %) (Tz. 2)	1.260
Gewinnanteil Tuch KG (Tz. 6)	2.500
vorläufiger Gewerbeertrag ohne GewSt	151.790
Abrundung auf volle 100 Euro	151.700
– Freibetrag	24.500
= endgültiger Gewerbeertrag ohne GewSt	127.200
x Steuermesszahl (5 % von 127.200 € = 6.360 € – **1.200 €** Staffelersp.)	
= vorläufiger Steuermessbetrag	5.160
x Hebesatz (480 %)	
= vorläufige Gewerbesteuer	24.768
Divisor	1,24
= endgültige Gewerbesteuer (24.768 € : 1,24)	19.974
– geleistete Vorauszahlungen	–10.000
= **Gewerbesteuer-Rückstellung**	**9.974**

2. vorläufiger steuerlicher Gewinn 136.650 € – 9.974 € =
   endgültiger steuerlicher Gewinn   **126.676 EUR**

D. Bewertungsgesetz

2 Wirtschaftliche Einheit

Fall 1:

1. Mietwohngrundstück,
2. Geschäftsgrundstück,
3. gemischtgenutztes Grundstück,
4. Geschäftsgrundstück,
5. Einfamilienhaus,
6. Geschäftsgrundstück,
7. Zweifamilienhaus,
8. Geschäftsgrundstück,
9. sonstiges bebautes Grundstück.

Fall 2:

a) Das Lagefinanzamt **München** ist für die Feststellung des Einheitswertes zuständig (§ 18 Abs. 1 Nr. 1 AO).

b) Das Grundstück ist ein **gemischtgenutztes Grundstück**, weil es teils eigenen gewerblichen Zwecken, teils Wohnzwecken dient und weder ein Geschäftsgrundstück (die gewerbliche Nutzung ist nicht größer als 80 %) noch ein Mietwohngrundstück ist (die Nutzung zu Wohnzwecken ist nicht größer als 80 %).

c) Das Grundstück gehört zum **Betriebsvermögen** (nicht Grundvermögen), weil es zu **mehr als 50 %** seines Wertes (= 75 %) dem **eigenen gewerblichen Betrieb** dient.

Fall 3:

	Betriebsgrundstück	Geschäftsgrundstück
1.	Betriebsvermögen	Grundvermögen
2.	Grundstück dient zu mehr als 50 % dem eigenen gewerbl. Betrieb	Grundstück dient zu mehr als 80 % gewerblichen Zwecken

Fall 4:

1. Grundvermögen,
2. Betriebsvermögen,
3. Betriebsvermögen,
4. Betriebsvermögen,
5. Betriebsvermögen,
6. Betriebsvermögen.

4 Begriff und Bedeutung des Einheitswerts

Fall 1:

Zu 1.

Jahresrohmiete (185 qm x 38,40 DM)	7.104 DM
x Vervielfältiger lt. Anlage 7 zum BewG	9
= Grundstückswert (7.104 DM x 9)	63.936 DM
abgerundeter Einheitswert in DM	63.900 DM
Umrechnung in Euro (63.900 DM : 1,95583)	32.671,55 €
abgerundeter Einheitswert in Euro	**32.671,00 €**

Zu 2.

32.671 € x 3,1 v.T. = **101,28 €**

Zu 3.

101,28 € x 360 % = **364,61 €**

Fall 2:

Zu 1.

Bodenwert (898 qm x 12 DM)	10.776 DM
+ Gesamtgebäudewert (980 cbm x 173 DM)	169.540 DM
+ Gesamtwert Außenanlagen (4 % von 169.540 DM)	6.782 DM
= Ausgangswert	187.098 DM
Grundstückswert (Wertzahl 75 %) (75 % von 187.098 DM)	140.324 DM
abgerundeter Einheitswert in DM	140.300 DM
Umrechnung in Euro (140.300 DM : 1,95583)	71.734,25 €
abgerundeter Einheitswert in Euro	**71.734,00 €**

Zu 2.

71.734 € x 3,1 v.T. = **222,38 €**

Zu 3.

222,38 € x 360 % = **800,57 €**

5 Feststellungsarten

Fall 1:

	a)	b)	c)	d)	e)
letzter EW in DM	1.100.000	900.000	60.000	44.200	30.000
neuer Wert in DM	1.205.000	995.000	54.000	40.600	34.000
Wertabweichung	+ 105.000	+ 95.000	− 6.000	− 3.600	+ 4.000
Festgrenze überschritten	ja	nein	ja	nein	nein
Bruchteilsgrenze überschritten		ja		nein	ja
und Mindestgrenze erreicht		ja			nein
Wertfortschreibung	**ja**	**ja**	**ja**	**nein**	**nein**

Fall 2:

1. Zum 1.1.2006 erfolgt eine **Zurechnungsfortschreibung** wegen Eigentümerwechsels.

2. Zum 1.1.2007 erfolgt eine **Artfortschreibung**, weil aus dem gemischtgenutzten Grundstück ein Geschäftsgrundstück geworden ist.

3. Ebenfalls zum 1.1.2007 ist **möglicherweise eine Wertfortschreibung** vorzunehmen. Dies ist der Fall, wenn der neue Wert (= Einheitswert) den bisherigen um 1/10, mindestens um 5.000 DM überschreitet.

Fall 3:

1. Auf den **1.1.2002** ist eine **Zurechnungsfortschreibung** vorzunehmen, weil sich die Eigentumsverhältnisse geändert haben.

2. Auf den **1.1.2007** ist eine **Art- und Wertfortschreibung** vorzunehmen. Durch den Ausbau des Dachgeschosses wurde aus dem Zweifamilienhaus ein Mietwohngrundstück. Durch den Ausbau hat sich der Wert um 27.700 DM, d.h. um 22,99 % (= mehr als 1/10 und mindestens 5.000 DM) erhöht.

6 Bedarfsbewertung des Grundvermögens für Zwecke der Erbschaft- und Schenkungsteuer

Fall 1:

900 qm x 250 €/qm =	225.000 EUR
− 20 % pauschaler Abschlag	− 45.000 EUR
= Grundstückswert (bereits abgerundet)	**180.000 EUR**

Fall 2:

Zeile		EUR	EUR
1	vereinbarte Jahresmiete (Kaltmiete)	12.000	
2	x 12,5 (12.000 € x 12,5)		150.000
3	− Alterswertminderung (25 % von 150.000 €)		− 37.500
4	Zwischenwert		112.500
5	+ 20 % Zuschlag (20 % von 112.500 €)		+ 22.500
6	= Grundstückswert		135.000
7	Abrundung auf volle 500 Euro nach unten (bereits abgerundet)		
8	= Bemessungsgrundlage für die Erbschaftsteuer 2007		**135.000**

Der **Mindestwert** dieses Grundstücks beträgt nach § 146 Abs. 6 i.V.m. § 145 Abs. 3 BewG jedoch **224.000 €**, sodass das Grundstück für Zwecke der Erbschaftsteuer mit **224.000 €** anzusetzen ist:

Grundstücksfläche (700 qm) x Bodenrichtwert (400 €/qm)	280.000 €
− 20 % pauschaler Abschlag (20 % von 280.000 €)	− 56.000 €
= Grundstückswert	**224.000 €**

E. Erbschaftsteuer

3 Bereicherung des Erwerbers

Fall

Zu 1.

Der Vorgang unterliegt gem. § 1 Abs. 1 Nr. 1 i.V.m. § 3 Nr. 1 ErbStG als **Erwerb von Todes wegen** (Erbanfall) der Erbschaftsteuer.
Die Söhne sind **unbeschränkt** steuerpflichtig i.S.d. § 2 Abs. 1 Nr. 1, da der Erblasser (Hans Alt) zum Zeitpunkt seines Todes Inländer gewesen ist.

Zu 2.

Die beiden Söhne haben für Zwecke der Erbschaftsteuer die **Steuerklasse I**.

Zu 3.

Die Söhne können **keine** sachlichen Steuerbefreiungen in Anspruch nehmen, vor allem nicht für Hausrat oder andere bewegliche Gegenstände.

Zu 4.

Die Bemessungsgrundlage ermittelt sich wie folgt:

Steuerwert des Nachlasses:	
Anteile an der Altbräu AG, Kurswert:	10.000.000 Euro
Barvermögen	150.000 Euro
Nachlassverbindlichkeiten:	
./. Erbfallverbindlichkeit (Auto):	15.000 Euro
./. Pauschbetrag für Erbfallkosten ohne Nachweis:	10.300 Euro
= Bereicherung des Erwerbers:	10.124.700 Euro

4 Steuerberechnung

Fall

Zu 1.

Wert der Bereicherung (50 %)	3.000.000 Euro
./. persönlicher Freibetrag gem. §16 ErbStG	307.000 Euro
./. besonderer Versorgungsfreibetrag gem.§17 ErbStG	256.000 Euro
= steuerpflichtiger Erwerb	2.437.000 Euro

Bei Steuerklasse I ist der relevante Erbschaftsteuertarif 19 %. Daraus ergibt sich eine Steuer in Höhe von **463.030 Euro**.

Zu 2.

Wert der Bereicherung je Sohn (10 %)	600.000 Euro
./. persönlicher Freibetrag gem. § 16 ErbStG	205.000 Euro
= steuerpflichtiger Erwerb	395.000 Euro

Es ist kein besonderer Versorgungsfreibetrag gem. § 17 ErbStG zu gewähren, da beide Söhne das 27. Lebensjahr bereits vollendet haben.

In der Steuerklasse I ist der relevante Erbschaftsteuertarif 15 %. Daraus ergibt sich eine Steuer in Höhe von **59.250 Euro**.

Zu 3.

Wert der Bereicherung je Enkel (2,5 %)	150.000 Euro
./. persönlicher Freibetrag gem. § 16 ErbStG	51.200 Euro
= steuerpflichtiger Erwerb	98.800 Euro

Es ist kein besonderer Versorgungsfreibetrag gem. § 17 ErbStG zu gewähren, da die Enkel keine Kinder des Erblassers sind.

In der Steuerklasse I ist der relevante Erbschaftsteuertarif 11 %. Daraus ergibt sich eine Steuer in Höhe von **10.868 Euro**.

Zu 4.

Wert der Bereicherung des Cousins (2,5 %)	150.000 Euro
./. persönlicher Freibetrag gem. § 16 ErbStG	10.300 Euro
= steuerpflichtiger Erwerb	139.700 Euro

Es ist kein besonderer Versorgungsfreibetrag gem. § 17 ErbStG zu gewähren, da der Cousin kein Kind des Erblassers ist.

In der Steuerklasse II ist der relevante Erbschaftsteuertarif 17 %. Daraus ergibt sich eine Steuer in Höhe von **23.749 Euro**.

Zu 5.

Wert der Bereicherung der Geliebten (17,5 %)	1.050.000 Euro
./. persönlicher Freibetrag gem. § 16 ErbStG	5.200 Euro
= steuerpflichtiger Erwerb	1.044.800 Euro

Es ist kein besonderer Versorgungsfreibetrag gem. § 17 ErbStG zu gewähren, da die Geliebte keine Ehefrau des Erblassers ist.

In der Steuerklasse III ist der relevante Erbschaftsteuertarif 35 %. Daraus ergibt sich eine Steuer in Höhe von **365.680 Euro**.

Teil 2 Zusätzliche Fälle und Lösungen

A. Einkommensteuer

Fall:

Schreinermeister Wirtz, Köln, ermittelt seinen Gewinn nach § 4 Abs. 3 EStG. Im Veranlagungszeitraum 2007 haben seine aufgezeichneten Betriebseinnahmen 99.975 € und seine aufgezeichneten Betriebsausgaben 40.030 € betragen. Wirtz versteuert seine Umsätze nach vereinnahmten Entgelten.
Prüfen Sie die folgenden Sachverhalte und ermitteln Sie den berichtigten Gewinn nach § 4 Abs. 3 EStG. Wahlrechte sind so auszuüben, dass die geringste steuerliche Belastung entsteht.

1. Wirtz hat am 18.10.2007 Waren zum Nettoeinkaufspreis (Teilwert) von 500 € entnommen. Er hat 500 € als Betriebseinnahme angesetzt.

2. Wirtz hat am 16.10.2007 einem Geschäftsfreund einen Blumenstrauß geschenkt. Die Rechnung über 32,10 € (einschl. 7 % USt) hat er bar bezahlt, jedoch nicht als Betriebsausgabe abgesetzt.

3. Im Veranlagungszeitraum 2007 sind Forderungsausfälle in Höhe von 1.160 € eingetreten. Wirtz hat 1.160 € als Betriebsausgabe abgesetzt.

4. Wirtz hat am 31.12.2007 seiner Bank den Auftrag erteilt, eine Fachbuchrechnung über 141,65 € zu überweisen. Die Bank führt am 2.1.2008 den Auftrag aus. Wirtz hat 141,65 € als Betriebsausgabe in 2007 abgesetzt.

5. Wirtz hat am 12.1.2007 ein Grundstück, das ausschließlich betrieblich genutzt wird, für 20.000 € erworben. Da er den Kaufpreis im Jahre 2007 bar gezahlt hat, hat er 20.000 € als Betriebsausgabe abgesetzt.

6. Wirtz hat im Monat Januar 2007 ein Darlehen in Höhe von 20.000 € zur Finanzierung des Grundstücks aufgenommen. Die Bank hat 1.000 € Bearbeitungsgebühren einbehalten. Wirtz hat 19.000 € als Betriebseinnahme angesetzt.

7. Wirtz hat am 31.12.2007 Zinsen für das aufgenommene Darlehen in Höhe von 1.500 € gezahlt. Da 100 € wirtschaftlich dem Jahr 2008 zuzurechnen sind, hat er nur 1.400 € als Betriebsausgabe in 2007 abgesetzt.

8. Wirtz erhält am 17.8.2007 von einem Kunden eine am 10.8.2007 ausgelieferte Warensendung zurück. Der Rechnungsbetrag lautet über 3.570 € (3.000 € + 570 € USt). Weder die Lieferung noch die Rücksendung sind bisher erfasst worden.

Einnahmenüberschussrechnung nach § 4 Abs. 3 EStG

Lösung:

Nr.	Vorgänge	Betriebseinnahmen + EUR	Betriebseinnahmen ./. EUR	Betriebsausgaben + EUR	Betriebsausgaben ./. EUR
	Ausgangswerte	99.975,00		40.030,00	
1.	Sachentnahme wurde richtig als BE angesetzt. Die USt auf die unentg. L. ist noch nicht berücksichtigt. 19 % von 500 € = 95 €	95,00			
2.	Wirtz kann 32,10 Euro als BA absetzen (§ 4 Abs. 5 Nr. 1).			32,10	
3.	Forderungsausfälle sind keine BA; Der Einkauf der Ware, dem kein entsprechender Erlös beim Verkauf gegenübersteht, hat sich gewinnmindernd ausgewirkt.				
4.	Er kann die Fachbuchrechnung 2007 als BA absetzen [H 11 (Überweisung) EStH].			1.160	
5.	Ausgaben für die Anschaffung von WG des nicht abnutzbaren AV können erst im Zeitpunkt ihrer Veräußerung oder Entnahme als BA abgesetzt werden.				20.000
6.	Darlehnsaufnahme stellt keine BE dar.		19.000		
7.	Bearbeitungsgebühren sind BA. Bezahlte Zinsen sind als regelmäßig wiederkehrende BA richtig berücksichtigt (§ 11).			1.000,00	
8.	Lieferung und Rücksendung wurden richtig behandelt.				
	./.	100.070,00 19.000,00	19.000	41.062,10 21.160,00	21.160
	Betriebseinnahmen − Betriebsausgaben	81.070,00 19.902,10		19.902,10	
	= **berichtigter Gewinn**	**61.167,90**			

Einnahmenüberschussrechnung nach § 4 Abs. 3 EStG

Fall:

Erstellen Sie für die Blumenhändlerin Helga Huber aus Passau die Einnahmenüberschussrechnung nach § 4 Abs. 3 EStG für 2007. Es ergeben sich bisher Betriebseinnahmen in Höhe von 101.108,48 € und Betriebsausgaben von 88.999,30 €. Die Voraussetzungen des § 7g EStG sind erfüllt. Die Steuerpflichtige versteuert ihre Umsätze nach den allgemeinen Vorschriften des UStG.
Prüfen Sie die folgenden Sachverhalte und ermitteln Sie nach dem Schema von Seite 124 des Lösungsbuches den berichtigten Gewinn. Der ermittelte Gewinn ist so niedrig wie möglich zu halten.

1. Am 31.12.2007 zahlte ein Kunde mit Scheck. Frau Huber reichte den Scheck in Höhe von 55,00 € am 02.01.2008 bei der Bank ein, die ihn mit Wertstellung vom 04.01.2008 gutschrieb. Der Betrag wurde in 2008 als Betriebseinnahme angesetzt.

2. Die Rate für ein betriebliches Darlehen in Höhe von 850,00 € für IV/07 wurde am 08.01.2008 dem Geschäftskonto belastet und in 2008 als Betriebsausgabe abgesetzt. Im Betrag sind 500,00 € Tilgung enthalten.

3. Bei einem Geschäftsessen mit einem guten Kunden hat Frau Huber die ordnungsgemäße und angemessene Rechnung in Höhe von 107,10 € brutto bar bezahlt. Bisher wurde nichts aufgezeichnet.

4. Da Frau Huber zum Valentinstag zu viele Blumen eingekauft hatte, musste sie 30 Sträuße statt für je 25,00 € für 10,00 € verkaufen. Sie hat 300,00 € als Betriebseinnahmen erfasst.

5. Am 28.12.2007 wurden Pflanzen im Wert von 1.070,00 € brutto geliefert. Mangels genügend Bargeld wurde die vorliegende Rechnung bei Lieferung durch Barzahlung in Höhe von 500,00 € und der Rest in Höhe von 570,00 € am 04.01.2008 durch Überweisung beglichen. Bisher wurde nichts aufgezeichnet.

6. Im September 2007 wurde eine neue Ladeneinrichtung geliefert und eingebaut, Nutzungsdauer 10 Jahre. Folgende Rechnungen wurden noch nicht berücksichtigt: Rechnung der Firma Kunz über Ladeneinrichtung in Höhe von 3.000,00 € + 19 % USt. Die Rechnung wurde unter Abzug von 3 % Skonto am 25.09.2007 sofort bar bezahlt. Rechnung der Firma Elektro-Meier für die Installation der Ladeneinrichtung in Höhe von 450,00 € + 19 % USt, ebenfalls am 26.09.2007 bar bezahlt. Die Vorsteuer wurde ordnungsgemäß aufgezeichnet.
In der Gewinnermittlung 2006 wurde für die Ladeneinrichtung eine Ansparabschreibung in Höhe von 1.200,00 € als Betriebsausgabe abgesetzt.

7. Frau Huber nutzt ihren Pkw überwiegend betrieblich, führt aber kein Fahrtenbuch. Der Listenpreis des Pkw betrug bei Anschaffung 29.080,00 € brutto. Die Anschaffungskosten betrugen am 04.01.2006 24.000,00 € bei einer Nutzungsdauer von 6 Jahren und linearer AfA. Für 2007 ist noch nichts berücksichtigt.

8. Im August wurde die Schaufensterscheibe eingeschlagen. Die Reparaturkosten von 1.500,00 € + USt wurden durch Banküberweisung bezahlt und richtig aufgezeichnet. Die Versicherung erstattete 1.500,00 €. Der Vorgang ist noch nicht berücksichtigt.

9. Allen Kunden, die am 22.12.2007 in den Laden kamen, schenkte Frau Huber einen kleinen Weihnachtsstern (Pflanze). Insgesamt verschenkte sie 40 Stück, die sie für je 1,00 € netto eingekauft hatte. Dieser Betrag ist in den Betriebsausgaben 2007 enthalten.

10. Einer guten Kundin schenkte Frau Huber zum Geburtstag einen Blumenstrauß, den sie für 50,00 € + USt gekauft hatte. Auch dieser Betrag ist in den Betriebsausgaben 2007 enthalten.

Einnahmenüberschussrechnung nach § 4 Abs. 3 EStG

Lösung:

Nr.	Vorgänge	Betriebseinnahmen		Betriebsausgaben	
		+ EUR	./. EUR	+ EUR	./. EUR
	Ausgangswerte	101.108,48		88.999,30	
1.	Scheckeingang = Zahlung [H 11 (Scheck, Scheckkarte) EStH]	55,00			
2.	Zinsen = BA (§ 11 EStG, 10 Tage Regel)			350,00	
3.	70 % von 90 € = 63,00 € (§ 4 Abs. 5 Nr. 2 EStG) gesamte Vorsteuer = BA (§ 15 Abs. 1a Satz 2 UStG)			63,00 17,10	
4.	BE richtig erfasst.				
5.	Abfluss 2007 (§ 11 EStG) [H (Überweisung) EStH]			500,00	
6.	AK Ladeneinrichtung: netto (3.000 – 90) 2.910,00 € Elektroinstallation 450,00 € AK 3.360,00 € degr. AfA: 30 % von 3.360 € x 4/12 Sonderabschreibung nach § 7g EStG Auflösung Ansparabschreibung	1.200,00		336,00 672,00	
7.	lineare AfA: 16,67 % v. 24.000 € 1 % von 29.000 € x 12 davon 80 % 20 % von 3.480 € 19 % USt von 2.784 €	2.784,00 696,00 528,96		4.000,00	
8.	Versicherung = BE	1.500,00			
9.	Geschenke = BA (§ 4 Abs. 5 Nr. 1)				
10.	Blumenstrauß über 35 Euro keine Betriebsausgabe (§ 4 Abs. 5 Nr. 1)				53,50
		107.872,44 0,00	0,00	94.937,40 53,50	53,50
	Betriebseinnahmen – Betriebsausgaben = **berichtigter Gewinn**	107.872,44 94.883,90 **12.988,54**		94.883,90	

Fall:

Die Eheleute Schäfer (Zusammenveranlagung) haben im Veranlagungszeitraum 2007 Einkünfte aus Land- und Forstwirtschaft in Höhe von 300,00 € und Einkünfte aus Gewerbebetrieb in Höhe von 62.000,00 € erzielt.

Ermitteln Sie den Gesamtbetrag der Einkünfte der Familie Schäfer für den VZ 2007.

Lösung:

	Einkünfte § 13 EStG	300,00 €
+	Einkünfte § 15 EStG	62.000,00 €
=	Summe der Einkünfte (§ 2 Abs. 2 EStG)	62.300,00 €
−	Freibetrag § 13 Abs. 3 EStG *)	00,00 €
=	Gesamtbetrag der Einkünfte (§ 2 Abs. 3 EStG)	**62.300,00 €**

*) Der Freibetrag für L+F beträgt grundsätzlich 1.340,00 € (bei Zusammenveranlagung). Die Summe der Einkünfte übersteigt jedoch 61.400,00 €. Der Freibetrag gem. § 13 Abs. 3 EStG ist nicht zu gewähren.

Fall:

Sachverhalt wie im Fall zuvor mit dem Unterschied, dass die Einkünfte aus Gewerbebetrieb 10.000,00 € betragen.

Ermitteln Sie den Gesamtbetrag der Einkünfte der Familie Schäfer für den VZ 2007.

Lösung:

	Einkünfte § 13 EStG	300,00 €
+	Einkünfte § 15 EStG	10.000,00 €
=	Summe der Einkünfte (§ 2 Abs. 2 EStG)	10.300,00 €
−	Freibetrag § 13 Abs. 3 EStG *)	300,00 €
=	Gesamtbetrag der Einkünfte (§ 2 Abs. 3 EStG)	**10.000,00 €**

*) Der Freibetrag für L+F beträgt grundsätzlich 1.340,00 € (bei Zusammenveranlagung). Er ist jedoch auf die Höhe der Einkünfte aus L+F begrenzt (im Fall sind dies 300,00 €).

Einkünfte aus Land- und Forstwirtschaft (§ 13 EStG)

Fall:

Landwirt Huber, Landsberg, verfügt über eine regelmäßig landwirtschaftlich genutzte Fläche von 100 Hektar.

Ermitteln Sie die maximalen Vieheinheiten i.S.d. § 13 Abs. 1 Nr. 1 Satz 2 EStG.

Lösung:

Stufen	Max. VE je Hektar	Max. VE je Stufe
0 - 20 Hektar	10 VE	200 VE
21 – 30 Hektar	7 VE	70 VE
31 – 50 Hektar	6 VE	120 VE
51 – 100 Hektar	3 VE	150 VE
		540 VE

Wenn Landwirt Huber ausschließlich Einkünfte aus L+F erzielen will, darf er maximal 540 VE auf seiner regelmäßig landwirtschaftlich genutzten Fläche (100 ha) halten.

Fall:

Anton Zwick betreibt in Leiwen an der Mosel einen land- und forstwirtschaftlichen Betrieb. Seine weinbaulich genutzte Fläche beträgt 2 Hektar (= 20.000 qm). Seine selbst bewirtschaftete landwirtschaftliche Fläche beträgt 12 Hektar. Herr Zwick besitzt seit vielen Jahren den folgenden durchschnittlichen Viehbestand:

- 5.000 Legehennen,
- 40 Milchkühe.

Prüfen Sie, zu welcher Einkunftsart die Tierzucht bzw. Tierhaltung gehört. [Lösungshinweis: siehe § 13 Abs. 1 Nr. 1 S. 2 EStG/R 13.2 Abs. 1 bis 3 EStR]

Lösung:

a) Ermittlung der landwirtschaftlich genutzten Fläche (R 13.2 Abs. 3 EStR)

	Landwirtschaftlich genutzte Gesamtfläche	14 ha
–	Flächen gem. R 13.2 Abs. 3 Satz 2 (Weinbau)	– 2 ha
=	Regelmäßig landwirtschaftl. genutzte Fläche (R 13.2 Abs. 3 S. 1)	**12 ha**

b) Ermittlung der maximalen (unschädlichen) VE i.S.d. § 13 Abs. 1 Nr. 1 S. 2 EStG

12 ha x 10 VE/ha = **120 VE**

Verfügt Herr Zwick über mehr als 120 Vieheinheiten, so gehört der darüber hinausgehende Bestand zur gewerblichen Tierzucht/Tierhaltung (Einkünfte gem. § 15 EStG, vgl. auch R 13.2 Abs. 2 EStR).

c) Ermittlung der vorhandenen Vieheinheiten gem. R 13.2 Abs. 1 EStR

Tierart	Anzahl	Vieheinheiten pro Tier	Vieheinheiten gesamt
Milchkühe	40	1,00 VE	40,0 VE
Legehennen	5.000	0,02 VE	100,0 VE
			140,0 VE

d) Zuordnung des Tierbestandes zu den Einkünften gem. § 13 und § 15 EStG

Die maximal zulässigen VE werden um 20 VE überschritten (§ 13 Abs. 1 Nr. 1 S. 2). Bei der Herausrechnung der überzähligen VE ist zu beachten:

1. ein Zweig (Tierbestand) kann nur einer Einkunftsart zugerechnet werden, d. h. es ist immer der komplette Zweig herauszurechnen (R 13.2 Abs. 2 S. 2 EStR),

2. es sind zunächst die Zweige (Tierbestände) herauszurechnen, die den geringsten Flächenbedarf haben (R 13.2 Abs. 2 S. 4 – 6 EStR).

Im vorliegenden Fall muss Herr Zwick den gesamten Bestand an Legehennen – und somit alle Einnahmen aus diesem Zweig – seinem gewerblichen Bereich zuordnen (§ 15).

Der verbleibende Zweig (Milchkühe) ist dem land- und forstwirtschaftlichen Bereich zuzuordnen (§ 13).

Einkünfte aus Gewerbebetrieb (§ 15 EStG)

Fall:

> Erzielen die Beteiligten bei den Fällen 1 bis 6 Einkünfte aus Gewerbebetrieb? Begründen Sie Ihre Antwort unter Hinweis auf die Rechtsgrundlagen.

1. Bernd Friedrich betreibt unter der Firma „Bernd Friedrich Autoservice e. K." eine im Handelsregister Koblenz eingetragene Kfz-Werkstatt.

2. Ina Ernst betreibt in der Innenstadt von Bonn einen kleinen, nicht im Handelsregister eingetragenen Kiosk.

3. Roland und Marie Gerke betreiben in München die „Gerke Baustoff OHG". Außerdem sind Ulf Gerke und Renate Gerke als stille Gesellschafter an der OHG beteiligt. Ulf Gerke hat der Gesellschaft 20.000,00 € zu Verfügung gestellt. Laut Gesellschaftsvertrag besitzt Ulf Gerke umfassende Mitspracherechte. Seine Gewinn- und Verlustbeteiligung beträgt 10 %. Im Falle der Unternehmensliquidation bzw. seines Ausscheidens erhält Ulf Gerke einen im Gesellschaftsvertrag genau definierten Anteil an den stillen Reserven des Unternehmens. Renate Gerke hat der Gesellschaft 40.000,00 € zur Verfügung gestellt. Ihre rechtliche Gesellschafterstellung entspricht den gesetzlichen Vorschriften der §§ 230 ff. HGB.

4. Die Brüder Lutz und Leo Gruber betreiben in Hermeskeil einen kleinen landwirtschaftlichen Betrieb in der Rechtsform einer OHG.

5. Wie Fall 4, jedoch gehört zum Unternehmensgegenstand auch der Handel mit Landmaschinen. Der Umsatz aus dem Landmaschinenhandel beträgt im Durchschnitt der letzten drei Jahre 25 % des Gesamtumsatzes.

6. Sarah und Lara Lurtz betreiben in Ulmen einen kleinen landwirtschaftlichen Betrieb in der Rechtsform einer GmbH & Co. KG (Komplementär = GmbH).

Lösung:

Zu 1.

Ja, Herr Friedrich erzielt Einkünfte i. S. d. § 15 Abs. 1 Nr. 1.

Er betreibt ein gewerbliches Einzelunternehmen. Die nachfolgenden Tatbestandsvoraussetzungen des § 15 Abs. 2 S. 1 sind alle erfüllt:

- Selbständigkeit (H 15.1 „Allgemeines"),
- Nachhaltigkeit (H 15.2 „Wiederholungsabsicht"),
- Gewinnerzielungsabsicht (H 15.3 „Beweisanzeichen" + „Totalgewinn"),
- Beteiligung am allgemeinen wirtschaftlichen Verkehr (H 15.4 „Allgemeines" + „Kundenkreis"),
- keine Land- und Forstwirtschaft (R 15.5),
- keine selbständige Tätigkeit i. S. d. § 18 (H 15.6 „Allgemeines" + „Abgrenzung selbständige Arbeit/Gewerbebetrieb").

Zu 2.

Ja, vgl. Lösung zu 1.

Der fehlende Eintrag im Handelsregister ist für die Qualifizierung der Einkünfte irrelevant. Die Tatsache hat lediglich Auswirkung auf die Art der Gewinnermittlung [Betriebsvermögensvergleich (§ 4 Abs. 1 i. V. m. § 5) oder Einnahmenüberschussrechnung (§ 4 Abs. 3)].

Zu 3.

Roland und Marie Gerke:
Ja, beide Gesellschafter erzielen als **Mitunternehmer** einer gewerblichen Personengesellschaft Einkünfte gem. § 15 Abs. 1 Nr. 2. Zu diesen Einkünften zählen die „normale" Gewinnbeteiligung und i. d. R. alle sonstigen Vergütungen.

Ulf Gerke:
Ja, Ulf Gerke erzielt als **atypisch stiller Gesellschafter** ebenfalls Einkünfte gem. § 15 Abs. 1 Nr. 2. Seine gesellschaftsrechtliche Stellung geht weit über die des handelsrechtlich normierten stillen Gesellschafters (§§ 230 ff. HGB) hinaus. Er kann Mitunternehmerinitiative entfalten (umfassende Mitspracherechte). Außerdem trägt er Mitunternehmerrisiko (Verlustbeteiligung + Beteiligung an den stillen Reserven). Seine rechtliche Stellung ist mit der eines Kommanditisten vergleichbar (vgl. auch H 15.8 „Mitunternehmerinitiative" + „Mitunternehmerrisiko" + „Stiller Gesellschafter").

Renate Gerke:
Nein, sie erzielt als **typisch stille Gesellschafterin** Einkünfte aus Kapitalvermögen (§ 20 Abs. 1 Nr. 4). Ihre gesellschaftsrechtliche Stellung ist mit der eines Kreditgebers vergleichbar (z. B. partiarisches Darlehen = Darlehen, bei dem die Zinsen in Form einer Gewinnbeteiligung gezahlt werden).

Zu 4.

Nein, sie erzielen Einkünfte aus Land- und Forstwirtschaft (§ 13 Abs. 1 Nr. 1). Sie betreiben zwar eine OHG (Personengesellschaft), jedoch fehlt die Gewerblichkeit dieser Gesellschaft (§ 15 Abs. 2).

Zu 5.

Ja, jetzt erzielen beide Gesellschafter Einkünfte gem. § 15 Abs. 1 Nr. 2 i. V. m. § 15 Abs. 3 Nr. 1.

Die gewerbliche Tätigkeit des Landmaschinenhandels „infiziert" die gesamte Betätigung der OHG als gewerblich. Der Anteil der gewerblichen Tätigkeit spielt i. d. R. keine Rolle (volle „Infektionswirkung").

Einkünfte aus Gewerbebetrieb (§ 15 EStG)

Zu 6.

Ja, beide Gesellschafterinnen erzielen Einkünfte gem. § 15 Abs. 1 Nr. 2 i. V. m. § 15 Abs. 3 Nr. 2.

Obwohl die Gesellschafterinnen eine ausschließlich landwirtschaftlich tätige Personengesellschaft (GmbH & Co. KG) betreiben, gibt die Komplementärin (GmbH) dem gesamten Unternehmen das gewerbliche Gepräge.

Fall:

Die „Arndt & Brecht Möbelwerke OHG" erzielt in 2007 einen Handelsbilanzgewinn in Höhe von 300.000,00 €. Im Gesellschaftsvertrag der OHG wurde eine Gewinnverteilung i. S. d. HGB festgelegt. Frau Arndt ist mit 210.000,00 € und Herr Brecht mit 170.000,00 € an der OHG beteiligt. Herr Brecht erhält ein jährliches Geschäftsführergehalt in Höhe von 60.000,00 €. Außerdem erhält er für die Überlassung eines Parkplatzes eine jährliche Miete in Höhe von 4.000,00 €. Frau Arndt gewährt der OHG seit 2006 ein mit 7 % zu verzinsendes Fälligkeitsdarlehen in Höhe von 50.000,00 €. Alle Aufwendungen wurden in der Buchführung entsprechend den handelsrechtlichen Vorgaben erfasst.

a) Ermitteln Sie den steuerlichen Gewinn der OHG.
b) Ermitteln Sie den steuerlichen Gewinnanteil jedes Gesellschafters.

Lösung:

a) Ermittlung des steuerlichen Gewinns

A = Arndt
B = Brecht

Handelsbilanzgewinn		300.000,00 €
+ **Sonderbetriebseinnahmen**		
Gesellschafter A	3.500,00 €	
Gesellschafter B	64.000,00 €	
Gesellschafter C	0,00 €	67.500,00 €
− **Sonderbetriebsausgaben**		
Gesellschafter A	0,00 €	
Gesellschafter B	0,00 €	
Gesellschafter C	0,00 €	0,00 €
= **steuerlicher Gewinn (§ 15 Abs. 1 Nr. 2 EStG)**		**367.500,00 €**

b) Verteilung des steuerlichen Gewinns auf die Gesellschafter

Gesellschafter	Vorweggewinn	Kapitalverzinsung	Restgewinn	Gewinnanteil
A	3.500,00 €	8.400,00 €	142.400,00 €	154.300,00 €
B	64.000,00 €	6.800,00 €	142.400,00 €	213.200,00 €
C	0,00 €	0,00 €	0,00 €	0,00 €
	67.500,00 €	15.200,00 €	284.800,00 €	**367.500,00 €**

Fall:

Leni Abel und Vera Blum betreiben eine Lebensmittelgroßhandlung in der Rechtsform einer KG. Die Kapitalbeteiligungen betragen 20.000,00 € (Abel) und 280.000,00 € (Blum). Frau Abel besitzt laut Gesellschaftsvertrag als Komplementärin das alleinige Geschäftsführungs- und Vertretungsrecht. Hierfür erhält sie ein jährliches Gehalt in Höhe von 75.000,00 €. Frau Blum erhält laut Gesellschaftsvertrag als Ausgleich für ihren enormen Kapitaleinsatz eine jährliche Risikoprämie in Höhe von 5 % des eingesetzten Kapitals. Weitere Kapitalverzinsungen sind nicht vorgesehen. Im Übrigen entsprechen die jeweiligen Gesellschafterrechte den handelsrechtlichen Vorgaben der §§ 161 ff. HGB. Der handelsrechtliche Gewinn 2007 in Höhe von 400.000,00 € ist nach Abzug der Risikoprämie im Verhältnis 4 (Abel) : 6 (Blum) aufzuteilen.

a) Ermitteln Sie den steuerlichen Gewinn der KG.
b) Ermitteln Sie den steuerlichen Gewinnanteil jedes Gesellschafters

Lösung:

a) Ermittlung des steuerlichen Gewinns

Handelsbilanzgewinn		400.000,00 €
+ **Sonderbetriebseinnahmen**		
Gesellschafter A	75.000,00 €	
Gesellschafter B	0,00 €	
Gesellschafter C	0,00 €	75.000,00 €
– **Sonderbetriebsausgaben**		
Gesellschafter A	0,00 €	
Gesellschafter B	0,00 €	
Gesellschafter C	0,00 €	0,00 €
= **steuerlicher Gewinn (§ 15 Abs. 1 Nr. 2 EStG)**		**475.000,00 €**

Einkünfte aus Gewerbebetrieb (§ 15 EStG)

b) Verteilung des steuerlichen Gewinns auf die Gesellschafter

Gesellschafter	Vorweggewinn	Kapitalverzinsung	Restgewinn	Gewinnanteil
A	75.000,00 €	0,00 €	154.400,00 €	229.400,00 €
B	0,00 €	14.000,00 €	231.600,00 €	245.600,00 €
C	0,00 €	0,00 €	0,00 €	0,00 €
	75.000,00 €	14.000,00 €	386.000,00 €	**475.000,00 €**

Einkünfte aus selbständiger Arbeit (§ 18 EStG)

Fall:

> Erzielen die Beteiligten bei den Fällen 1 bis 8 Einkünfte aus selbständiger Arbeit?
> Begründen Sie Ihre Antwort unter Hinweis auf die Rechtsgrundlagen.

1. Dr. med. Jürgen Noll betreibt in München eine Arztpraxis.

2. Dr. Ina Grill betreibt in Köln eine Apotheke.

3. Vera Bendel betreibt in Olpe eine Tanzschule.

4. Carla Ritter betreibt in Kiel ein Gymnastikstudio. Sie erteilt persönlich diverse Fitness- und Entspannungskurse. An Gerätschaften sind Matten, Bälle und Bänder vorhanden. Größere Fitnessgeräte gehören nicht zu ihrer Ausstattung.

5. Arnold Schwarzenberger betreibt in Berlin ein Fitnessstudio mit allen hierfür erforderlichen Gerätschaften. Er erstellt für seine Kunden Trainingspläne, betreut sie in der Anfangsphase persönlich und führt bei Bedarf Beratungsgespräche durch. Die fortgeschrittenen Kunden trainieren in Eigenregie nach vorgegebenen oder selbst erstellten Trainingsplänen.

6. Richter Dr. Gerald Trumm, Bremen, veröffentlicht – gegen Honorar – gelegentlich Fachaufsätze in einer juristischen Fachzeitschrift. Außerdem verkauft er gelegentlich selbst erstellte Aquarelle.

7. Diplom Handelslehrer Erwin Koch betreibt in Jena eine kaufmännische Privatschule mit 400 Schülern. Er beschäftigt 30 Lehrkräfte verschiedenster Fachrichtungen (z. B. Sprachen, Kunst, Naturwissenschaften, Betriebswirtschaft). Herr Koch leitet die Schule. Sein Unterrichtseinsatz beträgt 6 Stunden pro Woche.

8. Kfz-Meister Hans Neiß ist in Worms als selbständiger Kfz-Sachverständiger tätig.

Lösung:

Zu 1.

Ja, Herr Dr. Noll erzielt Einkünfte i. S. d. § 18 Abs. 1 Nr. 1 EStG.
Er übt die selbständige Berufstätigkeit eines Arztes aus (Katalogberuf). Die hierfür erforderliche medizinische Ausbildung liegt vor

Zu 2.

Nein, Frau Dr. Grill erzielt Einkünfte gem. § 15 Abs. 1 Nr.1 EStG.
Der Beruf des Apothekers zählt nicht zu den Katalogberufen des § 18 Abs. 1 Nr. 1 EStG. Eine den Ärzten vergleichbare (ähnliche) Tätigkeit wird nicht ausgeübt. Frau Dr. Grills Tätigkeit besteht überwiegend in der Lieferung von Waren/Medikamenten. Sie lindert nicht die Leiden der Kunden aufgrund einer persönlichen medizinischen Leistung.

Zu 3.

Ja, Frau Bendel erzielt Einkünfte i. S. d. § 18 Abs. 1 Nr. 1 EStG.
Sie übt eine selbständige unterrichtende Tätigkeit.

Zu 4.

Ja, Frau Ritter erzielt Einkünfte i. S. d. § 18 Abs. 1 Nr. 1 EStG.
Sie übt eine selbständige unterrichtende Tätigkeit.

Zu 5.

Nein, Herr Schwarzenberger erzielt Einkünfte gem. § 15 Abs. 1 Nr.1 EStG.
Er leitet zwar seine Kunden bei Bedarf an. Ansonsten überlässt er jedoch den Kunden die Geräte zur freien Verfügung [keine unterrichtende Tätigkeit/vgl. H 15.6 (Unterrichtende Tätigkeit) EStH].

Zu 6.

Richtertätigkeit:
Herr Dr. Trumm erzielt als Beamter Einkünfte gem. § 19 Abs. 1 Nr. 1 EStG.

Autorentätigkeit:
Herr Dr. Trumm erzielt als selbständiger Schriftsteller Einkünfte gem. § 18 Abs. 1 Nr. 1 EStG. Selbst eine einmalige Veröffentlichung führt zum gleichen Ergebnis, wenn davon auszugehen ist, dass bei einer erneuten Gelegenheit die Tätigkeit wiederholt wird.

Künstlertätigkeit:
Grundsätzlich erzielt Herr Dr. Trumm als Künstler Einkünfte gem. § 18 Abs. 1 Nr. 1 EStG. Es wäre jedoch zu prüfen, ob das Kriterium der Gewinnerzielungsabsicht (bezogen auf die Totalperiode) erfüllt ist. In vielen Fällen wird eine steuerlich unbeachtliche Liebhaberei vorliegen (insbesondere, wenn die Aufwendungen die Einnahmen dauerhaft übersteigen). Laut Rechtsprechung handelt es sich dann lediglich um eine vom wirtschaftlichen Erfolg unabhängige Passion [z. B. BFH v. 14.7.2003, BStBl. 2003 II S. 804/vgl. auch H 15.6 (Allgemeines) EStH].

Zu 7.

Nein, Herr Koch erzielt Einkünfte gem. § 15 Abs. 1 Nr.1 EStG.
Herr Koch leitet zwar die Schule eigenverantwortlich. Seine unterrichtliche Tätigkeit tritt jedoch aufgrund des enormen Verwaltungsaufwandes und der geringen eigenen Unterrichtszeit in den Hintergrund. Eine inhaltliche Mitgestaltung des fachfremden Unterrichts ist i. d. R. nicht möglich [vgl. H 15.6 (Mithilfe anderer Personen) EStH].

Zu 8.

Im vorliegenden Fall müssten die Gesamtumstände des Einzelfalles genau geprüft werden. Herr Neiß kann sowohl Einkünfte gem. § 18 Abs. 1 Nr. 1 EStG als auch Einkünfte gem. § 15 Abs. 1 Nr.1 EStG erzielen. Fraglich ist, ob er einen dem Katalogberuf des Ingenieurs ähnlichen selbständigen Beruf ausübt. Zur Klärung dieser Frage hat die Rechtsprechung die folgenden Kriterien entwickelt [vgl. H 15.6 (Ähnliche Berufe) EStH]:

1. **Liegt eine vergleichbare Ausbildung bzw. vergleichbares Fachwissen vor?**
   Das Fachwissen kann in einer formalen Ausbildung, im Rahmen eines Selbststudiums oder aufgrund praktischer Tätigkeit erworben worden sein (z. B. besonders anspruchsvolle Tätigkeit). Ein Nachweis ist für Herrn Neiß jedoch zwingend erforderlich.

2. **Ist das Niveau der beruflichen Tätigkeit vergleichbar?**
   Herr Neiß muss nachweisen, dass seine Tätigkeit mit der einer Ingenieurstätigkeit hinsichtlich des Schwierigkeitsgrades vergleichbar ist. Die bloße Umsetzung seiner praktischen Erfahrungen aufgrund seiner Meistertätigkeit reicht nicht aus.

[Vgl. auch H 15.6 (Abgrenzung selbständige Arbeit/Gewerbebetrieb – insbesondere Buchstaben a + b jeweils Kfz-Sachverständiger)]

Einkünfte aus nichtselbständiger Arbeit (§ 19 EStG)

Fall:

Josef Müller ist seit 1985 mit Gisela geb. Maier verheiratet. Beide wohnen seit 1985 in Essen. Die Eheleute wählen die Zusammenveranlagung.
Josef Müller war 2007 als Lagerarbeiter bei einer Speditionsfirma beschäftigt. Sein Bruttoarbeitslohn betrug 14.700,00 Euro.
Seine Frau erzielte im Kalenderjahr 2007 als angestellte Friseurin einen Bruttoarbeitslohn von 8.300,00 Euro.
Bei der Ermittlung der Einkünfte ist Folgendes zu berücksichtigen:

1. Die Ehefrau erhält als Friseurin regelmäßig Trinkgelder. Ihre Trinkgelder haben im Kalenderjahr 2007 insgesamt 775,00 Euro betragen. Dieser Betrag ist im Bruttolohn nicht enthalten.

2. Der Ehemann fuhr an 216 Tagen mit seinem eigenen Pkw von seiner Wohnung zu seiner Arbeitsstätte. Die kürzeste Straßenverbindung beträgt 15 km.

3. Die Ehefrau fuhr mit einem öffentlichen Verkehrsmittel von ihrer Wohnung zu ihrer Arbeitsstätte. Die Fahrtkosten haben im VZ 2007 300,00 Euro betragen.

4. Beim Ehemann wurden bisher jährlich 150,00 Euro und bei der Ehefrau jährlich 170,00 Euro für typische Berufskleidung als Werbungskosten anerkannt. In 2007 ist davon auszugehen, dass diese Beträge ebenfalls anerkannt werden.

5. Der Nettolohn des Herrn Müller wird monatlich durch Bank überwiesen, während der Nettolohn der Frau Müller bar ausgezahlt wird.

Wie hoch sind die Einkünfte der Eheleute Müller aus nichtselbständiger Arbeit im VZ 2007?

Lösung:

		EM EUR	EF EUR	gesamt EUR
Einkünfte aus nichtselbständiger Arbeit (§ 19)				
Ehemann:				
steuerpflichtige Einnahmen	14.700 EUR			
– nachgewiesene WK 972 EUR *)				
150 EUR				
16 EUR	1.138 EUR	13.562		
Ehefrau:				
Arbeitslohn	8.300 EUR			
+ Trinkgelder (steuerfrei)	775 EUR			
Einnahmen insgesamt	9.075 EUR			
– steuerfreie Einnahmen	– 775 EUR			
steuerpflichtige Einnahmen	8.300 EUR			
– Arbeitnehmer-Pauschbetrag	– 920 EUR		7.380	**20.942**

*) 216 Arbeitstage x 15 km x 0,30 € = 972 EUR

Fall:

Der ledige Fritz Müller hat 1000 Stück XY-Aktien in seinem Depot. Die AG zahlt in 2007 für das Kalenderjahr 2006 eine Bar-Dividende von 4,00 Euro pro Stück.

1. Wie viel Euro bekommt Fritz Müller gutgeschrieben? (Kein Freistellungsauftrag)
2. Bestimmen Sie die Einkunftsart und deren Höhe.

Lösung:

Zu 1.

Bar-Dividende (1000 x 4 €)	4.000 EUR
− Kapitalertragsteuer (20 % von 4.000 €)	− 800 EUR
− Solidaritätszuschlag (5,5 % von 800 €)	− 44 EUR
= Netto-Dividende (**Bankgutschrift**)	**3.156 EUR**

Zu 2.

Bar-Dividende (1000 x 4 €)	4.000 EUR
− steuerfreier Betrag nach § 3 Nr. 40d	− 2.000 EUR
= steuerpflichtige Einnahme	2.000 EUR
− Werbungskostenpauschbetrag (§ 9a Nr. 2)	− 51 EUR
− Sparer-Freibetrag (§ 20 Abs. 4)	− 750 EUR
= **Einkünfte** aus Kapitalvermögen (§ 20 Abs. 1 Nr. 1)	**1.199 EUR**

Einkünfte aus Kapitalvermögen (§ 20 EStG)

Fall:

a) Ermitteln Sie die Einkünfte aus Kapitalvermögen der Eheleute Kraus für den VZ 2007. Die Eheleute wählen die Zusammenveranlagung.

b) Besorgen Sie sich eine **Anlage KAP** zur Einkommensteuererklärung 2007 und füllen Sie diese anhand der folgenden Angaben aus:

Die Eheleute Ralf und Anne Kraus, Koblenz, Steuernummer 22/220/1046/3, haben in 2007 folgende Kapitalerträge erzielt:

1. Netto-Dividende der Eheleute aus VW-Aktien   631,20 EUR
Eine entsprechende Steuerbescheinigung liegt vor.

2. Netto-Ertrag aus der Beteiligung des Ehemannes als
echter stiller Gesellschafter bei der Sategro-KG, Großstadt
(nach Abzug der KapESt und des SolZ)   3.681,25 EUR

3. Zinsen der Eheleute aus festverzinslichen Wertpapieren
(vor Abzug der KapESt und des SolZ)   6.580,00 EUR

4. Zinsen aus Spargruthaben (vor Abzug der KapESt und des SolZ)
Ehemann   270,00 EUR
Ehefrau   360,00 EUR

5. Zinsen aus Bauspargruthaben der Eheleute (vor Abzug der KapESt
und des SolZ)   1.530,00 EUR
Die Zinsen stehen nicht im Zusammenhang mit Einkünften aus
Vermietung und Verpachtung.

Den Erträgen stehen folgende Ausgaben der Eheleute gegenüber:

1. Reisekosten des Ehemannes zur Hauptversammlung der VW-AG   120,00 EUR

2. Depotkosten für die Hinterlegung und Verwaltung der festverzinslichen
Wertpapiere bei der Hausbank   92,00 EUR

3. Zinsen eines Kredites, der zur Finanzierung der stillen Beteiligung
des Ehemannes bei der Hausbank aufgenommen wurde   830,00 EUR

Einkünfte aus Kapitalvermögen (§ 20 EStG)

Lösung:

Zu a)

			EM EUR	EF EUR	gesamt EUR
Tz. 1	EM	EF			
	315,60	315,60			
	80,00	80,00			
	4,40	4,40			
Bar-Dividende	400,00	400,00			
− stfr. Betrag	− 200,00	− 200,00			
stpfl. Einnahmen	200,00	200,00	200	200	
Tz. 2			5.000 *)	0	
Tz. 3			3.290	3.290	
Tz. 4			270	360	
Tz. 5			765	765	
Einnahmen			9.525	4.615	
− WK			936**)	46	
− SpFB			750	750	
= **Einkünfte**			**7.839**	**3.819**	**11.658**

*) 3.681,25 € : 73,625 x 100 = 5.000 €
**) 830,00 € + 60 € (120 € x 50 %) + 46 € (92 € x 50 % Halbeinkünfteverfahren) = 936 €

Zu b)

	Einnahmen		Anzurechnen sind:			
	EM	EF	Kapitalertrag- steuer		Zins- abschlag	
	EUR	EUR	EUR	Ct	EUR	Ct
Zinsen aus Sparguthaben Tz. 4	270	360			189	00
Zinsen aus Bausparguthaben Tz. 5	765	765			459	00
Erträge aus festverzinslichen Wertpapieren Tz. 3	3.290	3.290			1.974	00
VW-Aktien Tz. 1	200	200	160	00		
Sategro-KG Tz. 2	5.000		1.250	00		
Summe	9.525	4.615	1.410	00	2.622	00

Werbungskosten	936	46

Einkünfte aus Kapitalvermögen (§ 20 EStG) 142

2007

1	Name / Gemeinschaft: Eheleute Kraus
2	Vorname:
3	Steuernummer: 22/220/1046/4

Anlage KAP
[X] zur Einkommensteuererklärung
[ ] zur Feststellungserklärung

Einkünfte aus Kapitalvermögen, Anrechnung von Steuern

Bitte Steuerbescheinigung(en) im Original beifügen!

Inländische Kapitalerträge — 54

Zeile	Zinsen und andere Erträge (ohne Dividenden)	Einnahmen Stpfl./Ehemann/Gemeinschaft (1) EUR	Einnahmen Ehefrau (2) EUR	Anzurechnen sind inländische(r) Zinsabschlag / Kapitalertragsteuer lt. beigefügter Steuerbescheinigungen (3) EUR Ct
4	aus Guthaben und Einlagen (z. B. Sparguthaben)	270,—	360,—	189,00
5	aus Bausparguthaben	765,—	765,—	459,00
6	aus verzinslichen Wertpapieren (einschl. Stückzinsen)	3.290,—	3.290,—	1.974,00
7	aus Tafelgeschäften mit festverzinslichen Wertpapieren	,—	,—	,
8	aus Investmentanteilen (einschl. Zwischengewinne)	,—	,—	,
9	aus sonst. Kapitalforderungen jeder Art, die dem Zinsabschlag unterliegen (z. B. Instandhaltungsrücklagen)	,—	,—	,
10	Summe der Zeilen 4 bis 9 (Zinsabschlag)		40	2.622,00
11	aus Wandelanleihen und Gewinnobligationen	,—	,—	,
12	aus Lebensversicherungen, soweit einkommensteuerpflichtig	,—	,—	,
13	aus stiller Gesellschaft / aus partiarischen Darlehen	5.000,—	,—	1.250,00
14	Summe der Zeilen 11 bis 13 (Kapitalertragsteuer)		35	1.250,00
15	aus sonst. Kapitalforderungen jeder Art, die **nicht** dem Zinsabschlag unterliegen (z. B. Darlehen zwischen Privatpersonen)	,—	,—	
16	Summe der Zeilen 4 bis 15	30 9.325,—	31 4.415,—	
17	die vom Finanzamt für Steuererstattungen gezahlt wurden	56 ,—	57 ,—	

Dividenden und ähnliche Erträge

Zeile		(1)	(2)	Kapitalertragsteuer
18	aus Aktien und anderen Anteilen (auch bei Tafelgeschäften)	200,—	200,—	160,00
19	aus Investmentanteilen	,—	,—	,
20	aus Leistungen einer nicht von der Körperschaftsteuer befreiten Körperschaft, Personenvereinigung oder Vermögensmasse	,—	,—	,
21	Summe der Zeilen 18 bis 20 16	200,—	17 200,—	61 160,00

Einkünfte aus Kapitalvermögen (§ 20 EStG)

Steuernummer 22/220/1046/4

Ausländische Kapitalerträge — Anlage AUS beachten

(Einnahmen einschl. der ausländischen / abzuziehenden ausländischen Quellensteuern, die in Zeile 43 oder in den Zeilen 6 bis 24 der Anlage AUS einzutragen sind, soweit sie nicht aus inländischem Sondervermögen stammen)

Zeile			Einnahmen (einschließlich freigestellter Einnahmen, anzurechnender / vergüteter Kapitalertragsteuer Zinsabschlag / Solidaritätszuschlag) Stpfl. / Ehemann / Gemeinschaft 1 EUR		Ehefrau 2 EUR		Anzurechnen ist inländischer Zinsabschlag lt. beigefügter Steuerbescheinigungen 3 EUR Ct
31	Erträge aus ausländischen Investmentanteilen (Auslandinvestment-Gesetz)	22	23	,–	62	,–	,
32	Zinsen und andere Erträge (ohne Dividenden) aus Sparguthaben, festverzinsl. Wertpapieren, ausländ. Investmentanteilen (Investmentsteuergesetz) und sonstige ausländ. Kapitalerträge	32	33	,–	63	,–	,
33	Dividenden u. ähnl. Erträge aus Aktien und anderen Anteilen	24	25	,–		,–	
34	aus ausländischen Investmentanteilen (Investmentsteuergesetz)	54	55	,–		,–	
35	Hinzurechnungsbetrag nach § 10 AStG	28	29	,–		,–	

Erträge aus Beteiligungen

Zeile		Stpfl. / Ehemann	Ehefrau
36	1. Beteiligung (Gemeinschaft, Finanzamt, Steuernummer)		
37	2. Beteiligung (Gemeinschaft, Finanzamt, Steuernummer)		

Zeile			Stpfl. / Ehemann / Gemeinschaft	Ehefrau
38	Inländische Zinsen und andere Erträge einschl. Erträge aus Sondervermögen (ohne Dividenden)	42	43 ,–	,–
39	Inländische Dividenden und ähnliche Erträge (einschl. Erträge aus Sondervermögen)	48	49 ,–	,–
40	Ausländische Zinsen u. andere Erträge sowie Erträge aus ausländ. Investmentanteilen (Auslandinvestment-Gesetz)	44	45 ,–	,–
41	Ausländische Dividenden und ähnliche Erträge	50	51 ,–	,–

Anzurechnende Steuern

Zeile	aus Beteiligungen und anderen Einkunftsarten	Kapitalertragsteuer EUR Ct	Zinsabschlag EUR Ct
42		64 160,00	65 3.872,00

Nach der Zinsinformationsverordnung (ZIV) anzurechnende Quellensteuern

Zeile		EUR Ct
43	Summe aller anzurechnenden Quellensteuern nach der ZIV (lt. beigefügter Bescheinigung)	67 ,

Anzurechnende Solidaritätszuschläge

Zeile		EUR Ct
44	Summe aller anzurechnenden Solidaritätszuschläge zur Kapitalertragsteuer / zum Zinsabschlag	39 221,76

Werbungskosten

Zeile			Stpfl. / Ehemann / Gemeinschaft EUR	Ehefrau EUR	davon gesondert und einheitlich festgestellt EUR
45	Werbungskosten zu den inländischen Kapitalerträgen lt. den Zeilen 4 bis 17 und 38	12	830	13 0	
46	Werbungskosten zu den inländischen Kapitalerträgen lt. den Zeilen 18 bis 20 und 39	82	106	83 46	
47	Abzuziehende ausländische Steuern nach § 34 c Abs. 2 und 3 EStG zu Zeile 8	52		53	
48	Abzuziehende ausländische Steuern nach § 34 c Abs. 2 und 3 EStG zu Zeile 19	58		59	
49	Werbungskosten zu den ausländischen Kapitalerträgen lt. den Zeilen 31, 32 und 40	18		19	
50	Werbungskosten zu den ausländischen Kapitalerträgen lt. den Zeilen 33, 34 und 41	86		87	
51	Abzuziehende ausländische Steuern n. § 34 c Abs. 2 u. 3 EStG z. d. Zeilen 31, 32 und 40	26		27	
52	Abzuziehende ausländische Steuern n. § 34 c Abs. 2 u. 3 EStG z. d. Zeilen 33, 34 und 41	68		69	

Steuerstundungsmodelle

Zeile		Stpfl. / Ehemann / Gemeinschaft EUR	Ehefrau EUR
53	Einkünfte aus Gesellschaften / Gemeinschaften / ähnl. Modellen i. S. d. § 15 b EStG (Erläuterungen auf besonderem Blatt)	,–	,–

2007AnlKAP052NET

Einkünfte aus Vermietung und Verpachtung (§ 21 EStG)　　　　　　　　　144

Fall:

Der Architekt Maurer bewohnte bis 30.09.2006 mit seiner Ehefrau und seinem 15-jährigen Sohn die Erdgeschosswohnung seines Mehrfamilienhauses.
Er hat das Gebäude, das 1960 hergestellt worden ist, 1977 mit Grund und Boden für umgerechnet 340.000 € erworben. Davon entfallen 60.000 € auf Grund und Boden.

Da ihm seine Wohnung zu klein geworden war, baute er ein Einfamilienhaus, das am 01.10.2006 bezugsfertig war und das er auch an diesem Tag mit seiner Familie bezog. Der Bauantrag wurde am 14.02.2006 gestellt.
Seine bisherige Wohnung wurde seit 01.12.2006 für monatlich 500 € vermietet.

Im Jahr 2007 sind für die Häuser folgende Ausgaben und Einnahmen angefallen:

1. Mehrfamilienhaus

Die Mieteinnahmen betrugen für die vermieteten Wohnungen 2007 insgesamt	24.000 EUR
Hypothekenzinsen	3.500 EUR
Hypothekentilgung	1.000 EUR
Grundbesitzabgaben	1.100 EUR
Gebäudeversicherungen	550 EUR
sonstige Grundstücksaufwendungen	500 EUR
Renovierung der Wohnungen	
a) Erneuerung der Fußbodenbeläge, die durch langjährige Nutzung verschlissen waren	3.000 EUR
b) Überprüfung und Verstärkung der Elektroinstallation	500 EUR
c) Anstreicherarbeiten	700 EUR

2. Einfamilienhaus

Notarkosten gezahlt am 15.01.2007	
a) für die Beurkundung des Grundstückkaufvertrags	400 EUR
b) für die Bestellung der Grundschuld	250 EUR
Disagio, bei Auszahlung im Januar 2007	6.250 EUR
Darlehenszinsen bis zum 30.09.2007	6.750 EUR
vom 01.10. bis 31.12.2007	5.250 EUR
Gebäudeversicherung vom 01.10.2007 bis 30.09.2008 lt. Rechnung vom 10.10.2007	250 EUR
Herstellungskosten	175.000 EUR

Ermitteln Sie die Einkünfte aus Vermietung und Verpachtung für 2007 aus beiden Häusern. Die AfA soll so hoch wie möglich angesetzt werden.

Lösung:

1. Mehrfamilienhaus

Einnahmen:

Mieteinnahmen		24.000 EUR
− Werbungskosten:		
Hypothekenzinsen	3.500 EUR	
Hypothekentilgung	0 EUR	
Grundbesitzabgaben	1.100 EUR	
Gebäudeversicherung	550 EUR	
sonstige Grundstücksaufwendungen	500 EUR	
Renovierung (3.000+500+700)	4.200 EUR	
AfA nach § 7 Abs. 4 (2 % v. 280.000 EUR)	5.600 EUR	15.450 EUR
		8.550 EUR

2. Einfamilienhaus

Für das Einfamilienhaus sind keine Einkünfte aus Vermietung und Verpachtung anzusetzen, weil es selbst genutzt wird.	0 EUR
= Einkünfte aus Vermietung und Verpachtung	**8.550 EUR**

sonstige Einkünfte im Sinne des § 22 EStG

Fall:

Der ledige Steuerpflichtige Egon Theis war bis zu seinem Ruhestand selbständiger Zahnarzt in Köln.
Seit dem 1.3.2004 bezieht er eine Rente von der nordrheinischen Ärzteversorgung in Köln in Höhe von monatlich 4.750,00 €.

Ermitteln Sie die sonstigen Einkünfte i.S.d. § 22 EStG für Egon Theis im VZ 2007.

Lösung:

	EUR
sonstige Einkünfte i.S.d. § 22 EStG	
Rente (4.750 € x 12)	57.000,00 €
– Rentenfreibetrag (50 % von 57.000 €)	– 28.500,00 €
steuerpflichtiger Teil der Rente	28.500,00 €
– WKP (§ 9a Nr. 3)	– 102,00 €
sonstige Einkünfte	**28.398**

Fall:

> Ermitteln Sie bei den Fällen 1 bis 3 die sonstigen Einkünfte i.S.d. § 22 EStG für den VZ 2007.
> Begründen Sie Ihre Antwort unter Hinweis auf die Rechtsgrundlagen.

1. Jan Reiser, geboren am 17. März 1967, bezieht seit seinem Arbeitsunfall am 3. Mai 2006 eine jährliche Rente aus der gesetzlichen Unfallversicherung in Höhe von 13.200,00 €.

2. Olga Frei, geboren am 12. Januar 1957, bezieht seit ihrem privaten Sportunfall am 12. Juni 2006 eine jährliche Rente aus einer privaten Unfallversicherung in Höhe von 9.600,00 €.

3. Der ehemals selbständige Steuerberater Frank Röser, geboren am 22. Juni 1940, erhält seit dem 1. Januar 2006 vom Versorgungswerk der Steuerberater eine jährliche Rente in Höhe von 50.400,00 €. Die bis zum 31. Dezember 2005 angefallenen Beiträge hat er in voller Höhe selbst geleistet. Das Versorgungswerk bescheinigt Herrn Röser, dass 20 % seiner Rente aus Beiträgen erwirtschaftet wurde, die oberhalb des Höchstbetrages zur gesetzlichen Rentenversicherung lagen. Der maßgebende Höchstbetrag wurde in den letzten 14 Jahren der Beitragszahlung jedes Jahr überschritten. Herr Röser hat für den Veranlagungszeitraum 2007 einen Antrag gem. § 22 Abs. 1 S. 3 Buchst. a Doppelbuchst. bb S. 2 EStG gestellt.

Lösung:

Zu 1.

Die Einkünfte i.S.d. § 22 EStG betragen **0,00 €**. Die Rente aus der gesetzlichen Unfallversicherung ist nach § 3 Nr. 1a EStG **steuerfrei**.

Zu 2.

Die Einkünfte i.S.d. § 22 EStG betragen **2.874,00 €** [31 % v. 9.600,00 € − 102,00 € (§ 9a Nr. 3)]. Die Leibrente aus einer privaten Unfallversicherung unterliegt nur mit ihrem **Ertragsanteil** der Besteuerung (§ 22 Nr. 1 S. 3 Buchst. a Doppelbuchst. bb S. 4 EStG). Frau Frei hat zum Zeitpunkt des Rentenbeginns das **49. Lebensjahr** vollendet. Der Ertragsanteil beträgt gem. § 22 Nr. 1 S. 3 Buchst. a Doppelbuchst. bb S. 4 EStG 31 %.

Zu 3.

Aufgrund des Antrags (§ 22 Nr. 1 S. 3 Buchst. a Doppelbuchst. bb S. 2 EStG) gilt für Herrn Röser die „**Öffnungsklausel**", d. h. seine Rente wird in die folgenden beiden unterschiedlich zu besteuernden Bestandteile aufgeteilt:
1. Rentenanteil, der der Besteuerung i.S.d. § 22 Nr. 1 S. 3 Buchst. a Doppelbuchst. aa EStG unterliegt (Rentenanteil aufgrund von Beitragszahlungen, die den Höchstbetrag zur gesetzlichen Rentenversicherung **nicht überstiegen** haben),
2. Rentenanteil, der der Besteuerung i.S.d. § 22 Nr. 1 S. 3 Buchst. a Doppelbuchst. bb EStG unterliegt (Rentenanteil aufgrund von Beitragszahlungen, die den Höchstbetrag zur gesetzlichen Rentenversicherung **überstiegen** haben).

Zu 1.
Der Rentenanteil beträgt **40.320,00 €** (80 % v. 50.400,00 €).

Zu 2.
Der Rentenanteil beträgt **10.080,00 €** (20 % v. 50.400,00 €).
(Hinweis: Herr Röser hat zu Rentenbeginn das 65. Lebensjahr vollendet.)

Ermittlung der sonstigen Einkünfte gem. § 22 EStG:

Steuerpflichtiger Teil der **Rente aus 1.** (50 % v. 40.320,00 €)	20.160,00 €
Steuerpflichtiger Teil der **Rente aus 2.** (18 % v. 10.080,00 €)	1.814,40 €
= steuerpflichtige Einnahmen i.S.d. § 22 EStG	21.974,40 €
− Werbungskosten-Pauschbetrag (§ 9a Nr. 3)	102,00 €
= sonstige Einkünfte i.S.d. § 22 EStG	**21.872,40 €**

Hinweis:
Der Antrag ist im vorliegenden Fall sinnvoll, da ansonsten die gesamte Rente i.S.d. § 22 Nr. 1 S. 3 Buchst. a Doppelbuchst. aa EStG besteuert würde (nachgelagerte Besteuerung in Höhe von 50 %). Aufgrund des Antrags unterliegen jedoch 10.080,00 € lediglich einem Besteuerungsanteil von 18 %. Die sonstigen Einkünfte sinken aufgrund dieses Antrags um 3.225,60 € (32 % v. 10.080,00 €).

Sonderausgaben

Fall:

Die Eheleute Achim und Helga Holzmann, Mainz, werden zusammen zur Einkommensteuer veranlagt. Achim Holzmann ist als selbständiger Steuerberater tätig, Helga Holzmann erzielt lediglich Einkünfte aus Vermietung und Verpachtung.
Im VZ 2007 weisen sie folgende Aufwendungen nach, die sie als Sonderausgaben geltend machen wollen:

Beiträge zur Krankenversicherung	2.570 Euro
Beiträge zur Pflegeversicherung	364 Euro
Beiträge zur berufsständigen Versorgungseinrichtung	1.072 Euro
Beiträge zur Kapitallebensversicherung i.S.d. § 10 Abs. 1 Nr. 2b	2.400 Euro
Beiträge zur Kfz-Haftpflichtversicherung	480 Euro
Beiträge zur Kfz-Kaskoversicherung	148 Euro
Beiträge zur Hausratversicherung	120 Euro

Wie hoch sind insgesamt die abzugsfähigen Sonderausgaben für den VZ 2007?
Eine Günstigerprüfung ist vorzunehmen (Vergleich Rechtslage 2007 mit Rechtslage 2004).

Lösung:

Rechtslage 2007:

SA 1:

Sonderausgaben-Pauschbetrag (§ 10c Abs. 1)   72,00 €

SA 2:

Altersvorsorgeaufwendungen (§ 10 Abs. 1 Nr. 2):
(64 % von 3.472 €; Höchstbetrag gem. § 10 Abs. 3)   2.222,08 €

sonst. Vorsorgeaufw. (§ 10 Abs. 1 Nr. 3) gesamt   3.414,00 €
Begrenzung auf den Höchstbetrag von (Abs. 4)   3.000,00 €   3.000,00 €
                                                                         ─────────
abzugsfähige Sonderausgaben nach der Rechtslage 2007   5.294,08 €

Rechtslage 2004:

SA 1:

Sonderausgaben-Pauschbetrag   72,00 €

SA 2:

Summe der Versicherungsbeiträge		6.886,00 €	
Vorwegabzug	6.136,00 €		
Kürzung: 16 % von 0,00 €	0,00 €	6.136,00 €	6.136,00 €
Restbetrag		750,00 €	
Höchstbetrag		2.668,00 €	
abziehbar			750,00 €

abzugsfähige Sonderausgaben nach der Rechtslage 2004 (günstiger) **6.958,00 €**

Fall:

Die Eheleute Wolfgang und Ute Maier, Bonn, werden zusammen zur Einkommensteuer veranlagt. Wolfgang Maier war bis zu seinem Ruhestand im VZ 2006 als selbständiger Kinderarzt in Gummersbach tätig. Ute Maier ist in 2007 noch als leitende Angestellte tätig. Die Eheleute gehören keiner Konfession an und haben keine Kinder.
Ermitteln Sie mit Hilfe der folgenden Angaben die abzugsfähigen Sonderausgaben für den VZ 2007.

Beiträge zur privaten Kranken-und Pflegeversicherung (EM), monatlich	450,00 €
Beiträge zur Zusatzkrankenversicherung (EF), monatlich	60,00 €
Beiträge zur Kfz-Haftpflichtversicherung (Eheleute) halbjährlich	360,00 €
Beiträge zur Unfallversicherung (EM), monatlich	18,00 €
AN-Anteil zur gesetzlichen Rentenversicherung (EF)	3.778,00 €
AN-Anteil am Gesamtsozialversicherungsbeitrag lt. Zeile 25 der Lohnsteuerbescheinigung 2007	4.185,00 €

Lösung:

Sonderausgaben 1 (SA 1)		
Sonderausgaben-Pauschbetrag (§ 10c Abs. 1 EStG)		72,00 €
Sonderausgaben 2 (SA 2)		
Altersvorsorgeaufwendungen (§ 10 Abs. 3 EStG)		
AN-Anteil zur gesetzlichen RV	3.778,00 €	
AG-Anteil zur gesetzlichen RV	3.778,00 €	
	7.556,00 €	
davon in 2007 64 % (64 % von 7.556 €)	4.836,00 €	
– AG-Anteil zur gesetzlichen RV	– 3.778,00 €	
= abzugsfähige Altersvorsorgeaufwendungen		1.058,00 €
sonstige Vorsorgeaufwendungen (§ 10 Abs. 4 EStG)		
AN-Anteil (EF) lt. Zeile 25	4.185,00 €	
private KV und PV (450 € x 12)	5.400,00 €	
Zusatzkrankenversicherung (60 € x 12)	720,00 €	
Kfz-Haftpflichtversicherung (360 € x 2)	720,00 €	
Unfallversicherung (18 € x 12)	216,00 €	
	11.241,00 €	
Höchstbetrag für Wolfgang Maier	2.400,00 €	
Höchstbetrag für Ute Maier	1.500,00 €	
= abzugsfähige sonstige Vorsorgeaufwendungen		3.900,00 €
= abzugsfähige Sonderausgaben im VZ 2007		**5.030,00 €**

außergewöhnliche Belastungen

Fall:

Die 20-jährige Tina Freund, die während des ganzen Kalenderjahres 2007 studiert hat, erzielte aus einer nebenbei ausgeübten Beschäftigung einen steuerpflichtigen Bruttoarbeitslohn von 9.000 Euro. Der Arbeitnehmeranteil zur Sozialversicherung betrug 1.800 Euro. Werbungskosten sind in Höhe von 1.200 Euro angefallen. Daneben erzielte Tina Freund Zinserträge (vor Abzug von Kapitalertragsteuer und Solidaritätszuschlag) in Höhe von 1.051 Euro.

Prüfen Sie, ob der Jahresgrenzbetrag nach § 32 Abs. 4 Satz 2 EStG überschritten wurde.

Lösung:

Ermittlung der Einkünfte:

Bruttoarbeitslohn	9.000 €	
– Werbungskosten	– 1.200 €	
Einkünfte (§ 19 EStG)	7.800 €	7.800 €
Zinseinnahmen	1.051 €	
– WKP (§ 9a Nr. 2 EStG)	– 51 €	
– Sparer-Freibetrag (§ 20 Abs. 4 EStG)	– 750 €	
Einkünfte (§ 20 EStG)	250 €	250 €

Ermittlung der Bezüge:

Sparer-Freibetrag	750 €	
– Kostenpauschale	– 180 €	
Bezüge	570 €	570 €
Summe der Einkünfte und Bezüge		8.620 €
– Arbeitnehmeranteil am Gesamtsozialversicherungsbeitrag		– 1.800 €
= **Bemessungsgrundlage für den Jahresgrenzbetrag** nach § 32 Abs. 4 Satz 2 EStG		**6.820 €**

Der Jahresgrenzbetrag von 7.680 Euro ist nicht überschritten.
Tina Freund ist bei ihren Eltern ein zu berücksichtigendes Kind.

Fall:

1 Sachverhalt

1.1 Allgemeines

Die ledige Steuerpflichtige Inge Maier, geb. am 10.08.1947, wohnt seit 2007 in Düsseldorf. In ihrem Haushalt lebt ein Pflegekind, das am 27.07.1994 geboren ist und in 2007 eine Realschule in Düsseldorf besucht. Das Kind ist mit Hauptwohnung bei Frau Maier gemeldet. Inge Maier hat in 2007 Kindergeld in Höhe von 1.848 Euro erhalten. Eine Haushaltsgemeinschaft mit einer anderen Person besteht nicht.

1.2 Einkünfte

1.2.1 Gehalt

Inge Maier war bis 31.08.2007 als Prokuristin beschäftigt. Ihr Bruttoarbeitslohn betrug für die Zeit vom 01.01. bis 31.08.2007 21.670 Euro.

1.2.2 Ruhegehalt

Die Steuerpflichtige trat am 31.08.2007 in den Ruhestand. Für die Zeit vom 01.09. bis 31.12.2007 erhielt sie von ihrem früheren Arbeitgeber ein Ruhegehalt, das nicht auf eigenen früheren Beitragsleistungen beruht, von insgesamt 1.400 Euro. Frau Maier ist nicht behindert.

1.2.3 Zinsen

Von ihrer Bausparkasse wurden Inge Maier 2007 Zinsen (vor Abzug der KapESt und des SolZ) in Höhe von 300 Euro gutgeschrieben, die sie als Beitragszahlung verwendete.

1.2.4 Grundbesitz

Die Steuerpflichtige hat Ende 2007 von einer Bauträgergesellschaft eine als Einfamilienhaus bewertete Eigentumswohnung für 190.000 Euro erworben. Von den Anschaffungskosten entfallen 5.000 Euro auf Grund und Boden. Die Eigentumswohnung wird seit Ende 2007 von Inge Maier bewohnt.

Im VZ 2007 sind im Zusammenhang mit dem Grundstück folgende Ausgaben angefallen:

Brandversicherung 135 EUR
Darlehenszinsen 600 EUR
Grundsteuer 105 EUR

1.2.5 Rente

Aus der gesetzlichen Rentenversicherung erhält Inge Maier seit 01.09.2007 eine monatliche Brutto-Altersrente von 900 Euro. Der Zuschuss zur Krankenversicherung betrug insgesamt 248 Euro.

1.3 Sonstige Aufwendungen

Im VZ 2007 weist Inge Maier folgende Ausgaben nach, die sie als Sonderausgaben geltend machen will:

Beiträge zur Lebensversicherung (Altvertrag i.S.d. § 10 Abs.1 Nr. 3b)	1.382,00 EUR
Arbeitnehmeranteil zur Rentenversicherung	3.091,00 EUR
Beiträge zur Kranken- und Pflegeversicherung (ohne Zuschuss)	2.053,00 EUR
Beiträge zur Arbeitslosenversicherung	750,00 EUR
Beiträge zur Unfallversicherung	53,00 EUR
private Kfz-Haftpflichtversicherung	353,46 EUR
Hausratversicherung	60,00 EUR
Lohnkirchensteuer	576,00 EUR

Die Steuerpflichtige unterstützte 2007 ihre vermögenslose Mutter bis zu deren Tod am 30.05.2007 mit monatlich 130 Euro. Die Mutter erzielte eine Rente von monatlich 375 Euro, deren steuerlicher Besteuerungsanteil 50 % betragen hat. Ein Krankenversicherungszuschuss wurde nicht gezahlt.

Frau Maier hatte in der Zeit vom 01.01. bis 31.08.2007 berücksichtigungsfähige Aufwendungen für Dienstleistungen zur Betreuung des Pflegekindes in Höhe von monatlich 200 Euro.

Daneben beschäftigt Frau Maier eine Hilfe im Haushalt. Die Kosten für die Beschäftigung der Hilfe im Haushalt haben im VZ 2007 insgesamt 600 Euro einschließlich Sozialversicherungsbeiträge betragen.

2 Aufgabe

1. Nehmen Sie Stellung zur persönlichen Steuerpflicht, zu den altersmäßigen Vergünstigungen der Steuerpflichtigen, zu den zu berücksichtigenden Kindern, zur Veranlagungsart und zum Steuertarif.

2. Ermitteln Sie das zu versteuernde Einkommen der Inge Maier für den VZ 2007.

Lösung:

1. Persönliche Steuerpflicht
Inge Maier ist unbeschränkt einkommensteuerpflichtig, weil sie im Inland einen Wohnsitz hat (§ 1 Abs. 1).

2. Alter der Steuerpflichtigen
Vor Beginn des VZ 2007 war Inge Maier 59 Jahre alt. Ab Vollendung ihres 60. Lebensjahres im August 2007 kann sie agB nach § 33a Abs. 3 für die Beschäftigung einer Hilfe im Haushalt geltend machen.

3. Zu berücksichtigende Kinder
Das Pflegekind ist ein zu berücksichtigendes Kind. Es hatte im Kalenderjahr 2007 das 18. Lebensjahr noch nicht vollendet (§ 32 Abs. 3). Da das Kind das 18. Lebensjahr noch nicht vollendet hat, hat Frau Maier Anspruch auf einen vollen Kinderfreibetrag und einen vollen Betreuungsfreibetrag (§ 32 Abs. 6).
Außerdem steht ihr der Entlastungsbetrag für Alleinerziehende zu (§ 24b). Weiterhin sind die Voraussetzungen des § 4f für die Zeit vom 1.1. bis 31.8.2007 erfüllt.

4. Veranlagungsart
Für Inge Maier ist die Einzelveranlagung durchzuführen, weil sie ledig ist (§ 25 Abs. 1).

5. Steuertarif
Ihr Einkommen wird nach dem Grundtarif versteuert (§ 32a Abs. 1).

Ermittlung des zu versteuernden Einkommens

	EUR
Einkünfte aus nichtselbständiger Arbeit (§ 19)	
Tz. 1.2.1 und 1.2.2	
Gehalt 21.670 EUR	
Ruhegehalt (keine Versorgungsbezüge) 1.400 EUR	
23.070 EUR	
– Versorgungsfreibetrag (§ 19 Abs. 2 Nr. 2) (Inge Maier hat das 63. Lebensjahr noch nicht vollendet) 0 EUR	
– Arbeitnehmer-Pauschbetrag (§ 9a Nr. 1a) – 920 EUR	
– erwerbsbedingte Kinderbetreuungskosten (§ 4f) (2/3 von 1.600 € (8 x 200 €)) – 1.067 EUR	21.083
Einkünfte aus Kapitalvermögen (§ 20)	
Tz. 1.2.3	
Zinsen 300 EUR	
– Werbungskosten-Pauschbetrag (§ 9a Nr. 2) – 51 EUR	
– Sparer-Freibetrag 750 EUR, höchstens – 249 EUR	0
Einkünfte aus Vermietung und Verpachtung (§ 21)	
Tz. 1.2.4	
Für das EFH werden keine Einkünfte angesetzt, weil es selbst genutzt wird.	0
Übertrag:	**21.083**

Prüfungsfälle Einkommensteuer

			EUR
Übertrag:			21.083
sonstige Einkünfte i.S. des § 22			
Tz. 1.2.5			
Rente 4 x 900 EUR = 3.600 EUR			
davon 54 % Besteuerungsanteil (§ 22 Nr. 1)		1.944 EUR	
Der Zuschuss zur KV ist stfr. (§ 3 Nr. 14)			
– Werbungskosten-Pauschbetrag (§ 9a Nr. 3)		– 102 EUR	1.842
= Summe der Einkünfte			**22.925**
– Entlastungsbetrag für Alleinerziehende (§ 24b)			1.308
= Gesamtbetrag der Einkünfte			**21.617**
– Sonderausgaben 1 (SA 1)			
Lohnkirchensteuer (§ 10 Abs. 1 Nr. 4)			576
– Sonderausgaben 2 (SA 2)			
Altersvorsorgeaufwendungen (§ 10 Abs. 1 Nr. 2a + Abs. 3)			
64 % von 6.182 € (3.091 € + 3.091 €) = 3.956 € – 3.091 € =			865
sonstige Vorsorgeaufwendungen (§ 10 Abs. 1 Nr. 3 + Abs. 4)			
Lebensversicherungsbeiträge (88 % von 1.382 €)		1.216 EUR	
Kranken- und Pflegeversicherung		2.053 EUR	
Arbeitslosenversicherung		750 EUR	
Unfallversicherung		53 EUR	
private Kfz-Haftpflichtversicherung		353 EUR	
Hausratversicherung (nicht berücksichtigungsfähig)		0 EUR	
		4.425 EUR	
Nach § 10 Abs. 4 Satz 2 kann nur der Höchstbetrag von 1.500 EUR angesetzt werden.			1.500
– **außergewöhnliche Belastungen** (§ 33a Abs. 1 + 3)			
a) nach § 33a Abs. 1			
1. Unterhaltsaufwendungen für die Mutter			
Höchstbetrag für das Kalenderjahr	7.680 EUR		
ermäßigter Höchstbetrag für 5 Monate	3.200 EUR		
Einkünfte und Bezüge der Mutter			
(937,50 –102) + (937 –180 x 5/12)	1.698		
abzüglich ermäßigter Karenzbetrag	260		
schädlich	1.438 EUR		
verbleiben	1.762 EUR		
tatsächliche Aufwendungen (130 x 5)	650 EUR		
als agB anzusetzen höchstens Aufwendungen		650 EUR	
2. Hilfe im Haushalt			
624 EUR – (7 x 52 EUR)		260 EUR	910
Übertrag:			17.766

	EUR
Übertrag:	17.766
= **Einkommen**	17.766
Kindergeld ist um **405 €** günstiger als der volle Kinderfreibetrag und der volle Betreuungsfreibetrag	0
= **zu versteuerndes Einkommen**	**17.766**

Günstigerprüfung:

17.766 EUR	=	2.255 EUR ESt
17.766 EUR		
− 3.648 EUR (KFB)		
− 2.160 EUR (BFB)		
11.958 EUR	=	812 EUR ESt
Differenzbetrag		1.443 EUR ESt
Kindergeld		1.848 EUR
günstiger um		**405 EUR**

Fall:

1 Sachverhalt

1.1 Allgemeines

Johannes Reuter, geb. am 20.12.1942, ist seit 1972 mit Petra geb. Schneider, geb. am 01.10.1950, verheiratet. Die Eheleute wohnen in Aachen. Sie haben folgende Kinder:

Dieter, geb. am 14.06.1986, ledig. Dieter ist seit 2002 wegen eines schweren Sportunfalls behindert und außerstande, sich selbst zu unterhalten. Er ist nicht hilflos i.S.d. § 33b Abs. 6 Satz 2. Der Grad der Behinderung beträgt 100. Dieter hat keine eigenen Einkünfte und Bezüge. Die Eltern erhalten für Dieter in 2007 Kindergeld in Höhe von 1.848 Euro.

Dagmar, geb. am 01.01.1981, ledig. Sie studiert bis zum Examen am 30.04.2007 in Freiburg Philosophie und war auch vom 01.01. bis 30.04.2007 dort untergebracht. Die von den Eltern getragenen Studienkosten betragen in 2007 1.300 Euro. Seit Beendigung des Studiums hält sich Dagmar kostenlos bei Freunden in Frankreich auf. Sie hat weder eigene Einkünfte noch eigenes Vermögen. Die Eltern erhalten für Dagmar in 2007 kein Kindergeld.

1.2 Einkünfte

1. Johannes Reuter betreibt in Aachen eine Einzelhandlung mit Elektrogeräten. Er ermittelt seinen Gewinn nach § 5. Sein Eigenkapital betrug lt. Steuerbilanz

   zum 31.12.2006   110.500 €
   zum 31.12.2007   102.000 €

   Die in 2007 gebuchten Privatentnahmen belaufen sich auf 28.970 €.

   Die folgenden Sachverhalte des Jahres 2007 sind auf ihre gewinnmäßige Auswirkung zu prüfen. Der Gewinn ist ggf. zu berichtigen. Es soll der niedrigstmögliche Gewinn ausgewiesen werden.
   a) Eine Stereoanlage, Anschaffungskosten 1.150 Euro, wurde in der Bilanz des Vorjahres auf Grund einer Preissenkung zulässigerweise mit 900 Euro angesetzt. Die Anlage war zum 31.12.2007 noch vorhanden. Infolge steigender Preise hatte sie am 31.12.2007 einen Teilwert von 1.150 Euro. Mit diesem Wert wurde sie zum 31.12.2007 bilanziert. Eine Zuschreibung in Höhe von 250 Euro erfolgte im Laufe des Jahres 2007.
   b) Die private Kfz-Nutzung von 1.000 Euro wurde noch nicht gebucht. Von den 1.000 Euro (anteilige Kfz-Kosten einschl. AfA) entfallen 250 Euro auf Kfz-Steuer und Kfz-Versicherung.
   c) Reuter hat in 2007 wegen zu spät entrichteter ESt 35 Euro und zu spät gezahlter USt 30 Euro Säumniszuschlag aufgewendet. Beide Beträge wurden als Betriebsausgaben gebucht.
   d) Im Mai 2006 wurden zwei Schreibtische für je 350 Euro angeschafft und mit 10 % linear abgeschrieben. Reuter hat beide Schreibtische in 2007 voll abgeschrieben mit der Begründung, es handelt sich um GWG, die er bereits im Vorjahr hätte voll abschreiben können.
   e) Reuter entnahm im November 2007 zum Betriebsvermögen gehörende Wertpapiere, deren Anschaffungskosten (= Buchwert) 1.600 Euro betragen haben. Er buchte:

      Privat an Wertpapiere 1.600 €

      Sofort nach der Entnahme verkaufte er die Wertpapiere zum Wert von 2.000 Euro.

f) Reuter hat für sich privat einen Radiowecker entnommen zum Nettoeinkaufspreis von 50 Euro. Es wurde gebucht:

Privat an Wareneingang 50 Euro

Die Umsatzsteuer in Höhe von 8 Euro ist noch nicht gebucht worden.

g) Beim Kauf eines unbebauten Betriebsgrundstücks wurden 500 Euro Grunderwerbsteuer und 400 Euro Notargebühren gezahlt. Die Steuern wurden dem Konto "Steuern" und die Notargebühren dem Konto "Rechtskosten" belastet.

2. Frau Reuter ist an einer KG in Krefeld mit 30 % beteiligt. Das Wirtschaftsjahr der KG läuft vom 01.04. bis 31.03. Die KG hat im Wirtschaftsjahr 2006/2007 einen Gewinn von 25.000 Euro und im Wirtschaftsjahr 2007/2008 einen Verlust von 5.000 Euro erzielt.

3. Die Eheleute bewohnen ein in Aachen gelegenes Einfamilienhaus (Baujahr 2007), das die Eheleute 2007 für 150.000 € erworben haben. An Anschaffungsnebenkosten sind 6.000 Euro angefallen, die in 2007 bezahlt wurden.

4. Herr Reuter erwarb im August 2007 privat Goldmünzen für 2.800 Euro, die er im Dezember 2007 für 3.250 Euro verkaufte.

5. Herr Reuter bezieht seit 01.01.2005 eine monatliche Rente von 500 Euro aus einer privaten Lebensversicherung.

1.3 Sonstige Ausgaben

Die Eheleute Reuter machen für 2007 folgende Beträge als Sonderausgaben geltend:

Kranken- und Pflegeversicherung	1.965,00 EUR
Hausratversicherung	70,00 EUR
Lebensversicherung (Altvertrag i.S.d. § 10 Abs. 1 Nr. 3b)	9.795,00 EUR
Kfz-Versicherung für Privatwagen	
– Haftpflicht	110,00 EUR
– Kasko	35,00 EUR
– Unfall	20,00 EUR
Kfz-Haftpflichtversicherung für Geschäftswagen (Privatanteil)	60,00 EUR
Haushaftpflichtversicherung	40,00 EUR
Bausparbeiträge (einschließlich 175 € Guthabenzinsen (vor Abzug der KapESt und des SolZ) auf dem Bausparkonto des Mannes	5.170,00 EUR
gezahlte Kirchensteuer	930,00 EUR
Spenden für kirchliche Zwecke	300,00 EUR

2. Aufgaben

2.1 Nehmen Sie Stellung zur persönlichen Steuerpflicht, zu den altersmäßigen Vergünstigungen der Steuerpflichtigen, zu den zu berücksichtigenden Kindern, zur Veranlagungsart und zum Steuertarif.

2.2 Ermitteln Sie das zu versteuernde Einkommen der Eheleute Reuter für den VZ 2007.

Lösung:

1. Persönliche Steuerpflicht
Die Eheleute Reuter sind unbeschränkt einkommensteuerpflichtig, weil sie im Inland einen Wohnsitz haben (§ 1 Abs. 1).

2. Alter der Steuerpflichtigen
Vor Beginn des VZ 2007 hatte Herr Reuter das 64. und Frau Reuter das 56. Lebensjahr vollendet.
Nur Herr Reuter erfüllt die altersmäßige Voraussetzung für die Gewährung des Altersentlastungsbetrags (§ 24a).

3. Zu berücksichtigende Kinder
Sohn Dieter ist ein leibliches Kind der Eheleute Reuter. Er hatte 2007 das 20. Lebensjahr vollendet. Er ist 2007 ein zu berücksichtigendes Kind, weil er behindert und außerstande ist, sich selbst zu unterhalten und die Behinderung vor Vollendung des 25. Lebensjahrs eingetreten ist (§ 32 Abs. 4 Nr. 3). Für Dieter haben die Eltern Anspruch auf die vollen Freibeträge nach § 32 Abs. 6.
Tochter Dagmar ist ebenfalls ein leibliches Kind der Eheleute Reuter. Sie hatte 2007 das 26. Lebensjahr vollendet und ist nicht behindert. Sie ist kein zu berücksichtigendes Kind.

4. Veranlagungsart
Die Eheleute Reuter werden zusammen veranlagt, weil beide unbeschränkt einkommensteuerpflichtig sind, nicht dauernd getrennt leben und keiner eine getrennte Veranlagung beantragt hat (§§ 26 und 26b).

5. Steuertarif
Das Einkommen der Eheleute wird nach dem Splittingtarif versteuert, weil sie zusammen veranlagt werden (§ 32a Abs. 5).

6. Ermittlung des Gesamtbetrags der Einkünfte

	Ehemann EUR	Ehefrau EUR	gesamt EUR
Einkünfte aus Gewerbebetrieb (§ 15)			
Ehemann:			
BV am 31.12.2007 102.000 EUR			
BV am 31.12.2006 110.500 EUR			
Unterschiedsbetrag – 8.500 EUR			
+ Entnahmen (vorl.) 28.970 EUR			
vorl. Gewinn 20.470 EUR			
a) der Bilanzansatz ist richtig angesetzt (TW = AK) 0 EUR			
b) private Kfz-Nutzung + 1.000 EUR			
c) Säumniszuschlag ESt + 35 EUR			
d) Rückgängigmachung zu hoher AfA (630 € – 70 €) + 560 EUR			
e) Entnahmegewinn (TW – BW) + 400 EUR			
f) USt erfolgsneutral 0 EUR			
g) zu aktivieren + 900 EUR	23.365		
Ehefrau:			
30 % des Gewinns der KG für das Wirtschaftsjahr 2006/2007 (§ 4a Abs. 2 Nr. 2)		7.500	30.865
Übertrag:	23.365	7.500	30.865

	Ehemann EUR	Ehefrau EUR	gesamt EUR
Übertrag:	23.365	7.500	30.865
Einkünfte aus Kapitalvermögen (§ 20) Bausparzinsen 175 EUR − WK-Pauschbetrag (§ 9a Nr. 2) − 102 EUR − Sparer-Fr. 1.500 EUR, höchstens − 73 EUR	0		0
Einkünfte aus V + V (§ 21) Für das EFH werden keine Einkünfte angesetzt, weil das EFH selbst genutzt wird.		0	0
sonstige Einkünfte im Sinne des § 22 Leibrente 6.000 EUR Besteuerungsanteil: 50 % von 6.000 EUR = 3.000 EUR − WKP (§ 9a Nr. 3) − 102 EUR	2.898		2.898
Private Veräußerungsgeschäfte i.S.d. § 23 Tz. 2.4: 450 € liegen unter der Freigrenze von 512 Euro (Abs. 3 S. 6)	0		0
= **Summe der Einkünfte**	26.263	7.500	33.763
− Altersentlastungsbetrag (§ 24a) Ehemann: 36,8 % von 23.365 EUR, höchstens			1.748
= **Gesamtbetrag der Einkünfte**			**32.015**

7. Ermittlung der Sonderausgaben

		EUR
– Sonderausgaben 1 (SA 1)		
Kirchensteuer (§ 10 Abs. 1 Nr. 4)	930 EUR	
Spenden für kirchliche Zwecke (§ 10b Abs. 1)	<u>300 EUR</u>	1.230
– Sonderausgaben 2 (SA 2)		
Altersvorsorgeaufwendungen (§ 10 Abs. 3)		0
sonstige Vorsorgeaufwendungen (§ 10 Abs. 1 Nr. 3 + Abs. 4)		
Kranken- und Pflegeversicherung	1.965 EUR	
Hausrat (nicht berücksichtigungsfähig)	0 EUR	
Lebensversicherung (88 % von 9.795 €)	8.620 EUR	
Kfz-Haftpflichtversicherung	110 EUR	
Kfz-Kasko (nicht berücksichtigungsfähig)	0 EUR	
Kfz-Unfallversicherung	20 EUR	
Kfz-Haftpflichtversicherung (Privatanteil)	60 EUR	
Haushaftpflichtversicherung	<u>40 EUR</u>	
	10.815 EUR	
Höchstbeträge für die Eheleute (2.400 € + 2.400 €)		4.800
abzugsfähige Sonderausgaben insgesamt		**6.030**

8. Ermittlung der außergewöhnlichen Belastungen

		EUR
nach § 33a **Abs. 1**		
für Sohn **Dieter** können Unterhaltsaufwendungen als agB **nicht** geltend gemacht werden, weil die Eltern für ihn **Kindergeld** erhalten.		
für Tochter **Dagmar**		
absoluter Höchstbetrag für das Kalenderjahr	7.680 EUR	
ermäßigter Höchstbetrag für 4 Monate	2.560 EUR	
eigene Einkünfte und Bezüge	0 EUR	
tatsächliche Aufwendungen 1.300 EUR		
abziehbare agB		1.300
nach § 33a **Abs. 2**		
Freibetrag für Tochter **Dagmar** kann **nicht** gewährt werden, weil die Eltern für sie **keinen** Freibetrag nach § 32 Abs. 6 EStG/Kindergeld erhalten.		
nach **§ 33b**		
Der Grad der Behinderung des Sohnes **Dieter** beträgt 100.		1.420
abzugsfähige außergewöhnliche Belastungen insgesamt		**2.720**

9. Ermittlung des zu versteuernden Einkommens

	EUR
Gesamtbetrag der Einkünfte	32.015
− abzugsfähige Sonderausgaben	6.030
− abzugsfähige außergewöhnliche Belastungen	2.720
= **Einkommen**	23.265
Kindergeld ist um 712 EUR günstiger als die vollen Freibeträge nach § 32 Abs. 6 EStG	0
= **zu versteuerndes Einkommen**	**23.265**

Günstigerprüfung:

    23.265 EUR   =   1.480 EUR ESt

    23.265 EUR
   − 3.648 EUR (KFB)
   − 2.160 EUR (BFB)

    17.457 EUR   =   344 EUR ESt

    Differenzbetrag   1.136 EUR ESt
    Kindergeld   1.848 EUR

    günstiger um   **712 EUR**

B. Körperschaftsteuer

Fall:

Die Gewinn- und Verlustrechnung der A-GmbH, München, weist für das Wirtschaftsjahr 2007 u.a. folgende Zahlen aus:

• Jahresüberschuss	233.805 EUR
• Ein in 2003 entgeltlich erworbener Firmenwert von 60.000 € wurde nach § 255 Abs. 4 HGB mit 20 % abgeschrieben.	12.000 EUR
• KSt-Erstattung	8.000 EUR
• SolZ-Erstattung	440 EUR
• GewSt-Rückstellung	5.960 EUR
• Verspätungszuschlag zur GewSt	150 EUR
• angemessene Bewirtungsaufwendungen lt. Belegen (netto, 100 %)	650 EUR
• Zuwendungen an politische Parteien	5.000 EUR
• Zuwendungen an eine Universität	4.000 EUR

Die A-GmbH hat einen Beirat als Kontrollorgan. Als Aufwand wurden für den Beirat 14.400 € gebucht.

Ermitteln Sie das zu versteuernde Einkommen der A-GmbH für 2007.

Lösung:

	EUR
Jahresüberschuss	233.805
Korrekturen nach **einkommensteuerrechtlichen** Vorschriften	
+ AfA auf Firmenwert (§ 7 Abs. 1 Satz 3 EStG)	+ 8.000
+ nicht abzugsfähige Bewirtungskosten (§ 4 Abs. 5 Nr. 2 EStG) (30 % von 650 €)	+ 195
= Gewinn lt. Steuerbilanz	242.000
Korrekturen nach **körperschaftsteuerrechtlichen** Vorschriften	
– KSt-Erstattung	– 8.000
– SolZ-Erstattung	– 440
GewSt-Rückstellung richtig als BA abgesetzt	0
Verspätungszuschlag zur GewSt richtig als BA abgesetzt	0
+ sämtliche Zuwendungen (5.000 € + 4.000 €)	+ 9.000
+ Beiratsvergütung (50 % von 14.400 €)	+ 7.200
= **Summe der Einkünfte**	249.760
– Zuwendungen, max. 20 % von 249.760 €, höchstens *)	– 4.000
= **Gesamtbetrag der Einkünfte = zu versteuerndes Einkommen**	245.760

*) Zuwendungen an politische Parteien sind nicht abzugsfähig.

Fall:

Die B-GmbH mit Sitz in Wuppertal ermittelt für den Veranlagungszeitraum 2007 einen vorläufigen Handels- und Steuerbilanzgewinn in Höhe von 95.000 €. Dabei wurden in der Gewinn- und Verlustrechnung des Geschäftsjahres 2007 folgende Aufwendungen für geleistete Steuervorauszahlungen gebucht:

- Körperschaftsteuer 20.000 €
- Solidaritätszuschlag 1.100 €

Unter den gebuchten Aufwendungen finden sich verschiedene Zahlungen an den Geschäftsführer Willi Schulz in Höhe von 35.000 Euro. Willi Schulz ist Mehrheitsgesellschafter der B-GmbH. Die zugrunde liegenden Buchungsbelege tragen den Vermerk "Auslagenersatz". Eine betriebliche Veranlassung ist für diese Zahlungen jedoch nicht erkennbar. Ein Vorsteuerabzug wurde im Zusammenhang mit diesen Aufwendungen von der B-GmbH nicht in Anspruch genommen.
Die B-GmbH hat die Gewerbesteuerrückstellung für das Geschäftsjahr 2007 ordnungsgemäß gebildet. Eine Berechnung der Gewerbesteuerrückstellung ist im Rahmen dieser Aufgabenstellung nicht erforderlich.

1. Ermitteln Sie das zu versteuernde Einkommen der B-GmbH für 2007.
2. Ermitteln Sie die Körperschaftsteuerrückstellung 2007 sowie die Rückstellung für den Solidaritätszuschlag 2007.
3. Ermitteln Sie den endgültigen Steuerbilanzgewinn für den VZ 2007.

Lösung:

Zu 1.

Gewinn lt. Steuerbilanz	95.000 EUR
+ Körperschaftsteuer	20.000 EUR
+ Solidaritätszuschlag	1.100 EUR
+ verdeckte Gewinnausschüttung	35.000 EUR
= zu versteuerndes Einkommen	**151.100 EUR**

Zu 2.

tarifliche/festzusetzende KSt (25 % von 151.100 €)	37.775 EUR
− KSt-Vorauszahlungen	− 20.000 EUR
= KSt-Rückstellung	**17.775 EUR**
Solidaritätszuschlag (5,5 % von 37.775 €)	2.077,63 EUR
− SolZ-Vorauszahlungen	− 1.100,00 EUR
= SolZ-Rückstellung	**977,63 EUR**

Zu 3.

vorläufiger Steuerbilanzgewinn	95.000,00 EUR
− KSt-Rückstellung	− 17.775,00 EUR
− SolZ-Rückstellung	− 977,63 EUR
= endgültiger Steuerbilanzgewinn	**76.247,37 EUR**

Fall:

Die Gewinn- und Verlustrechnung der C-GmbH, München, weist für das Wirtschaftsjahr 2007 u.a. folgende Zahlen aus:

Umsatzerlöse	1.005.270,00 €	
sonstige betriebliche Erträge	4.625,00 €	
Investitionszulage	20.500,00 €	1.030.395,00 €
Wareneingang	375.123,00 €	
Löhne und Gehälter	250.951,00 €	
Abschreibungen	18.557,00 €	
gemeinnützige Zuwendungen	15.100,00 €	
Zuwendungen an politische Parteien	10.000,00 €	
Mietaufwand	60.000,00 €	
Bewirtungsaufwendungen (angemessen) *)	3.595,00 €	
Geldbuße	570,00 €	
GewSt-Vorauszahlung	20.500,00 €	
Säumniszuschlag für GewSt-Vorauszahlung	130,00 €	
Säumniszuschlag für USt-Vorauszahlung	45,00 €	
KSt-Vorauszahlung 2007	40.000,00 €	
SolZ-Vorauszahlung 2007	2.200,00 €	
KSt-Nachzahlung 2005	12.470,00 €	
SolZ-Nachzahlung 2005	685,85 €	– 809.926,85 €
Jahresüberschuss		**220.468,15 €**

*) Die Bewirtungsaufwendungen wurden zu 100 % angesetzt; die USt (von 100 %) wurde als Vorsteuer gebucht.

Ermitteln Sie das zu versteuernde Einkommen der C-GmbH für 2007.

Lösung:

	EUR
Jahresüberschuss	220.468,15
Korrekturen nach **einkommensteuerrechtlichen** Vorschriften	
+ nicht abzugsfähige Bewirtungskosten (§ 4 Abs. 5 Nr. 2 EStG) (30 % von 3.595 €)	1.078,50
+ Geldbuße (§ 12 Nr. 4 EStG)	570,00
= Gewinn lt. Steuerbilanz	222.116,65
Korrekturen nach **körperschaftsteuerrechtlichen** Vorschriften	
– Investitionszulage	– 20.500,00
+ sämtliche Zuwendungen (15.100 € + 10.000 €)	+ 25.100,00
+ KSt-Vorauszahlung 2007	+ 40.000,00
+ SolZ-Vorauszahlung 2007	+ 2.200,00
+ KSt-Nachzahlung 2005	+ 12.470,00
+ SolZ-Nachzahlung 2005	+ 685,85
= **Summe der Einkünfte**	**282.072,50**
– Zuwendungen, max. 20 % von 282.072,50 €, höchstens *)	– 15.100,00
= **Gesamtbetrag der Einkünfte = zu versteuerndes Einkommen**	**266.972,50**

*) Zuwendungen an politische Parteien sind nicht abzugsfähig.

Fall:

Die Pro Casa GmbH hat ihre Geschäftsführung und ihren Sitz in Mainz. Die GmbH weist für das Geschäftsjahr 2007, das mit dem Kalenderjahr übereinstimmt, einen Jahresüberschuss von 450.000,00 € aus.
Herr Peter Müller ist alleiniger Gesellschafter und alleiniger Geschäftsführer der Pro Casa GmbH.

Die folgenden Sachverhalte sind noch zu berücksichtigen:

1. Die GmbH hat zum 1.7.2007 bei ihrer Bank ein Fälligkeitsdarlehen über 400.000,00 € aufgenommen, das eine Laufzeit von zehn Jahren hat. Die Bank behält bei der Auszahlung des Darlehens ein Damnum von 30.000,00 € ein und schreibt den Restbetrag in Höhe von 370.000,00 € dem laufenden Bankkonto der GmbH gut. Die GmbH hat den Vorgang wie folgt gebucht:

   1800 (1200) Bank an **3170** (0650) Verbindlichkeiten gegenüber Kreditinstituten 370.000,00 €

2. Die GmbH hat handelsrechtlich eine Rückstellung für drohende Verluste aus schwebenden Geschäften in Höhe von 30.000,00 € gebildet.

3. Die KSt-Vorauszahlungen 2007 in Höhe von 112.500,00 € wurden als Betriebsausgaben gebucht.

4. Die SolZ-Vorauszahlungen 2007 in Höhe von 6.187,50 € wurden als Betriebsausgaben gebucht.

5. Die GewSt-Vorauszahlungen 2007 in Höhe von 37.500,00 € wurden als Betriebsausgaben gebucht.

6. Herr Peter Müller erhält eine Jahresvergütung in Höhe von 300.000,00 €. Die Jahresvergütung setzt sich aus einem Festgehalt von 90.000,00 € (30 %) und einer Gewinntantieme von 210.000,00 € (70 %) zusammen. Üblich ist jedoch nur ein Tantiemeanteil von 25 %. Die 300.000,00 € wurden in 2007 als Betriebsausgaben gebucht.

7. GmbH weist für 2007 folgende Zuwendungen nach, die als Betriebsausgaben gebucht wurden:

   Zuwendungen an politische Parteien   75.000,00 €
   Zuwendungen zur Förderung von Wissenschaft und Forschung   150.000,00 €

Aufgabe:

Ermitteln Sie das zu versteuernde Einkommen der GmbH für den VZ 2007.

Lösung:

	EUR
Jahresüberschuss	450.000,00
Korrekturen nach **einkommensteuerrechtlichen** Vorschriften *)	
– Damnum (30.000 € : 10 = 3.000 € x 6/12)	– 1.500,00
+ Drohverlust-Rückstellung (siehe Buchführung 2, Seite 59)	+ 30.000,00
= Gewinn lt. Steuerbilanz	478.500,00
Korrekturen nach **körperschaftsteuerrechtlichen** Vorschriften	
+ KSt-Vorauszahlungen 2007	+ 112.500,00
+ SolZ-Vorauszahlungen 2007	+ 6.187,50
+ vGA (siehe Steuerlehre 2, Seite 392)	+ 135.000,00
+ sämtliche Zuwendungen (75.000 € + 150.000 €)	+ 225.000,00
= **Summe der Einkünfte**	957.187,50
– Zuwendungen, maximal 20 % von 957.187,50 €, höchstens **)	– 150.000,00
= **Gesamtbetrag der Einkünfte = Einkommen =** **zu versteuerndes Einkommen**	**807.187,50**

*) Die GewSt-Vorauszahlungen 2007 sind korrekt als Betriebsausgaben gebucht worden.

**) Zuwendungen an politische Parteien sind nicht abzugsfähig.

C. Gewerbesteuer

Fall:

Luisa Bellona ist Alleininhaberin einer Pizzeria in Neustadt a.d.W. Für das Wirtschaftsjahr 2007, das mit dem Kalenderjahr übereinstimmt, ergibt sich Folgendes:

1. Gewinn nach § 15 EStG   43.600,00 EUR
2. Miete für Geschäftseinrichtung
   (Vermieter ist kein Gewerbetreibender)   6.000,00 EUR
3. Für einen aufgenommenen Kredit in Höhe von   30.000,00 EUR
   wurden Zinsen gezahlt in Höhe von   1.850,00 EUR
4. Die Zinsen und Buchungsgebühren des laufenden Kontos betrugen   750,00 EUR
5. Die aus betrieblichen Mitteln geleisteten Zuwendungen betrugen:
   Zuwendungen zur Förderung kirchlicher Zwecke   1.000,00 EUR
   Zuwendungen zur Förderung wissenschaftlicher Zwecke   500,00 EUR

Wie hoch ist die Gewerbesteuer für den EZ 2007 bei einem Hebesatz von 390 %?

Lösung:

	EUR
Gewinn aus Gewerbebetrieb (Tz. 1)	43.600
+ Hinzurechnungen nach § 8	
Dauerschuldzinsen (Tz. 3) 50 % von 1.850 EUR	925
Zinsen des laufenden Kontos werden nicht hinzugerechnet (Tz. 4)	0
Hälfte der Mietaufwendungen (Tz. 2)	3.000
	47.525
− Kürzungen nach § 9	
Zuwendungen zur Förderung kirchl. u. wissenschaftl. Zwecke (Tz. 5)	1.500
= vorläufiger Gewerbeertrag	46.025
Abrundung auf volle hundert Euro	46.000
− Freibetrag	− 24.500
= endgültiger Gewerbeertrag	21.500
x Steuermesszahl (2 % von 21.500 € = 430 € − 120 € Staffelersparnis)	
= Steuermessbetrag	310
x Hebesatz (390 %)	
= **Gewerbesteuer**	**1.209**

Prüfungsfälle Gewerbesteuer

Fall:

Fritz Maier ist Alleininhaber eines Hotels und Restaurants in Dortmund. Für das Wirtschaftsjahr 2007, das mit dem Kalenderjahr übereinstimmt, ergibt sich Folgendes:

1. Gewinn nach § 15 EStG   32.000,00 EUR
2. Einheitswert des Betriebsgrundstücks   75.000,00 EUR
   Das Grundstück dient zu 60 % eigenen gewerblichen Zwecken.
3. Eine Ausschanktheke ist von einer Brauerei
   gemietet worden. Die Jahresmiete beträgt   2.500,00 EUR
4. Die Gewerbesteuer-Vorauszahlungen betragen   200,00 EUR

Wie hoch ist die Gewerbesteuerabschlusszahlung für den EZ 2007 bei einem Hebesatz von 450 %?

Lösung:

	EUR
Gewinn aus Gewerbebetrieb (Tz. 1)	32.000
+ Hinzurechnungen nach § 8	
Hälfte der Mietaufwendungen (Tz. 3)	0
	32.000
− Kürzungen nach § 9	
Grundbesitzkürzung (Tz. 2) 60 % von 1,2 % von 105.000 € (75.000 € x 140 %)	756
= vorläufiger Gewerbeertrag	31.244
Abrundung auf volle hundert Euro	31.200
− Freibetrag	− 24.500
= endgültiger Gewerbeertrag	6.700
x Steuermesszahl (1 %)	
= Steuermessbetrag	67
x Hebesatz (450 %)	
= **Gewerbesteuer**	301,50
− Vorauszahlungen	− 200,00
= **Gewerbesteuerabschlusszahlung**	**101,50**

Fall:

Der Einzelgewerbetreibende Müller, Düsseldorf, dessen Wirtschaftsjahr mit dem Kalenderjahr übereinstimmt, legt Ihnen für den EZ 2007 folgende Zahlen vor:

1. Gewinn nach § 15 EStG	25.660,00 EUR
2. Einheitswert des Betriebsgrundstücks	12.500,00 EUR
3. Auf dem Betriebsgrundstück lastet eine Hypothek, die mit 6 % verzinst wird, in Höhe von	25.000,00 EUR
4. Beteiligung eines stillen Gesellschafters (Privatmann) an dem Einzelgewerbebetrieb	10.000,00 EUR
5. Gewinnanteil des stillen Gesellschafters	2.500,00 EUR

6. Der Kontostand einer Kontokorrentschuld, die mit 5 % zu verzinsen ist, schwankte in 2007 zwischen 20.000 € und 40.000 €.
Die acht niedrigsten Kontostände, die jeweils einen Tag bestanden, waren:

20.000 €
25.100 €
23.200 €
25.000 €
26.200 €
26.850 €
27.800 €
30.000 €

7. Die aus betrieblichen Mitteln geleisteten Zuwendungen für 2007 betrugen:

Zuwendungen zur Förderung kirchlicher Zwecke	500,00 EUR
Zuwendungen zur Förderung wissenschaftlicher Zwecke	750,00 EUR
Zuwendungen an politische Parteien	500,00 EUR

Wie hoch ist die Gewerbesteuer für den EZ 2007 bei einem Hebesatz von 450 %?

Lösung:

	EUR
Gewinn aus Gewerbebetrieb (Tz. 1)	25.660
+ Hinzurechnungen nach § 8	
Dauerschuldzinsen (Tz. 3) 50 % von 1.500 €	750
Dauerschuldzinsen (Tz. 6) 50 % von 1.500 €	750
Gewinnanteil des stillen Gesellschafters (Tz. 5)	2.500
	29.660
− Kürzungen nach § 9	
Grundbesitzkürzung (Tz. 2) 1,2 % von 17.500 € (12.500 € x 1,4)	210
Zuwendungen zur Förderung kirchl. u. wissenschaftl. Zwecke (Tz. 7) *)	1.250
= vorläufiger Gewerbeertrag	28.200
Abrundung auf volle hundert Euro	28.200
− Freibetrag	24.500
= endgültiger Gewerbeertrag	3.700
x Steuermesszahl (1 %)	
= Steuermessbetrag	37
x Hebesatz (450 %)	
= **Gewerbesteuer**	**166,50**

*) Zuwendungen an politische Parteien sind nicht abzugsfähig.

Fall:

Ermitteln Sie die Gewerbesteuerrückstellung eines Einzelunternehmers für den EZ 2007 nach der Divisor-Methode:

Gewinn nach GewSt-Vorauszahlungen aber vor GewSt-Rückstellung   46.000,00 EUR

Vorauszahlungen   500,00 EUR

Dauerschuldzinsen   3.800,00 EUR

Einheitswert des Betriebsgrundstücks (1.1.1964)   35.000,00 EUR

Hebesatz   400 %

Lösung:

	EUR
Gewinn nach GewSt-Vorauszahlung aber vor GewSt-Rückstellung	46.000
+ GewSt-Vorauszahlungen	+ 500
= Gewinn ohne Berücksichtigung der GewSt	46.500
+ Dauerschuldzinsen (50 % von 3.800 EUR)	1.900
− Grundbesitzkürzung (1,2 % von 49.000 EUR)	588
= vorläufiger Gewerbeertrag ohne GewSt	47.812
Abrundung auf volle hundert Euro	47.800
− Freibetrag	− 24.500
= endgültiger Gewerbeertrag ohne GewSt	23.300
x Steuermesszahl (2 % von 23.300 € = 460 € − 120 € Staffelersparnis)	
= vorläufiger Steuermessbetrag	346
x Hebesatz 400 %	
= vorläufige Gewerbesteuer	1.384
Divisor: $1 + \dfrac{2 \times 400}{10.000} =$	1,08
= Gewerbesteuer (1.384 EUR : 1,08) = endgültige GewSt	1.281,00
− geleistete Vorauszahlungen	− 500,00
= GewSt-Rückstellung	**781,00**

Prüfungsfälle Gewerbesteuer 172

Fall:

Fritz Westfalen (FW) betreibt in Bonn unter der Firma "Funkhaus Fritz Westfalen" ein Fachgeschäft für Unterhaltungs-Elektronik. Für den EZ 2007 legt er Ihnen folgende Zahlen vor:

1. Lt. vorläufiger Gewinn- und Verlustrechnung für das Wirtschaftsjahr 2007 wurde ein Gewinn in Höhe von 29.000,00 € ermittelt.
2. FW schenkte seiner Frau Rosi zum 10. Hochzeitstag einen gebrauchten PKW, den er dem Anlagevermögen entnahm. Der Buchwert des PKW betrug am Entnahmetag 8.000,00 Euro; der Verkehrswert dieses Fahrzeugs wurde zu diesem Zeitpunkt in einem Gutachten mit 13.090,00 Euro einschl. 19 % Umsatzsteuer festgestellt. FW hat bisher gebucht:

Anlagenabgänge (Restbuchwert)	8.000,00 €	
an Fahrzeuge		8.000,00 €
Privat	9.520,00 €	
an Erlöse aus Verkäufen Sachanlagevermögen		8.000,00 €
Umsatzsteuer		1.520,00 €

3. FW schenkte seinem Neffen Detlef zum 18. Geburtstag eine Stereoanlage, die er seinem Warenlager entnahm. Die Anschaffungskosten der Anlage betrugen 900,00 Euro; der Ladenverkaufspreis betrug 1.547,00 Euro einschl. 19 % Umsatzsteuer. Der Listenverkaufspreis seines Großhändlers belief sich am Entnahmetag auf 950,00 Euro (ohne Umsatzsteuer). Der Vorgang wurde versehentlich buchhalterisch noch nicht erfasst.
4. FW ließ sich von seinem Buchhalter monatlich 2.500,00 Euro vom betrieblichen Bankkonto auf sein privates Bankkonto überweisen. Die jeweilige monatliche Buchung hierfür lautet:

Personalaufwendungen	2.500,00 €	
an Bank		2.500,00 €

5. FW betreibt sein Unternehmen auf dem Grundstück "Mozartstr. 10", das zu 30 % seines Wertes dem eigenen Gewerbebetrieb dient und auch mit diesem Anteil aktiviert wurde. Der Einheitswert des Grundstücks beträgt 100.000,00 €.
6. Im Mai 2007 wurde eine umfangreiche Dachsanierung an dem Gebäude "Mozartstr. 10" vorgenommen. Zur Finanzierung dieser Sanierungskosten nahm FW ein Darlehen in Höhe von 30.000,00 Euro auf, das zu 100 % am 30.06.2007 ausgezahlt wurde. Das Darlehen ist jährlich mit 8 % zu verzinsen und am 30.06.2017 in einer Summe zurückzuzahlen. Die Zinsen sind jeweils halbjährlich nachträglich zu entrichten. Erstmalig wurden diese Halbjahreszinsen zum 31.12.2007 vom betrieblichen Bankkonto abgebucht.
7. FW überwies in 2007 für zwei im Kundendienst eingesetzte Fahrzeuge insgesamt 9.936,50 € (einschl. 19 % Umsatzsteuer) an die Auto-Leasing GmbH in Hamburg.
8. Das an sein "Funkhaus" angrenzende Nachbargrundstück "Mozartstr. 12" hat FW für monatlich 600,00 Euro gepachtet und nutzt es als Kundenparkplatz. Der Vermieter ist eine Privatperson.
9. FW ist an der Elektrowarengroßhandlung seines Schulfreundes Peter Tusch als Kommanditist beteiligt. Die Beteiligung gehört zu seinem Betriebsvermögen. Der Gewinnanteil für 2007 beträgt 4.000,00 €.
10. Für sein betriebliches Bankkonto hat FW einen Kontokorrentkredit in Höhe von 100.000,00 Euro zu einem Zinssatz von 10 % p.a. mit seiner Bank vereinbart. Seine Kontokorrentschulden schwankten während des Jahres 2007 zwischen 3.500,00 € und 106.500,00 €. Insgesamt wurden 6.400,00 € Zinsen belastet. In der Zeit vom 11.08. – 22.08.2007 wies das Konto ein Guthaben in Höhe von 7.000,00 € aus.

Ermitteln Sie die Gewerbesteuer 2007. Der Hebesatz beträgt 420 %.

Lösung:

	EUR
vorläufiger Gewinn lt. GuV-Rechnung (Tz. 1) 29.000 EUR + Erhöhung Privatentnahme Pkw (Tz. 2) 3.000 EUR + Erfassung Privatentnahme Stereoanlage (Tz. 3) 950 EUR + "Personalaufwendungen" (Tz. 4) 30.000 EUR einkommensteuerlicher Gewinn aus Gewerbebetrieb 62.950 EUR	
Gewinn aus Gewerbebetrieb	62.950
+ **Hinzurechnungen nach § 8**	
Hälfte der Dauerschuldentgelte (Tz. 6) 50 % von 360 € (1.200 € x 30 % = 360 €)	180
Kontokorrentkredit (Tz. 10) ist keine Dauerschuld, weil das Konto an mehr als sieben Tagen im Guthaben war.	0
Leasing-Raten (Tz. 7) werden bei der GmbH zur Gewerbesteuer herangezogen.	0
Kundenparkplatz (Tz. 8) ist ein "in Grundbesitz bestehendes Wirtschaftsgut".	0
– **Kürzungen nach § 9**	
Grundbesitzkürzung (Tz. 5) 1,2 % von 42.000 € (100.000 € x 140 % x 30 %)	504
Gewinnanteil Personengesellschaft (Tz. 9)	4.000
= vorläufiger Gewerbeertrag Abrundung auf volle hundert Euro – Freibetrag	58.626 58.600 – 24.500
= endgültiger Gewerbeertrag x Steuermesszahl (3 % von 34.100 € = 1.023 € – 360 € Staffelersparnis) = Steuermessbetrag x Hebesatz (420 %)	34.100 663
= **Gewerbesteuer**	**2.784,60**